PHILIPPE ROYER

BALADES ET RANDONNÉES

CORSE

LES PLUS BEAUX SENTIERS DU LITTORAL

Glénat

L'AUTEUR

Philippe Royer fréquente la Corse depuis plus de 50 ans. Il collabore avec la presse de montagne et de tourisme, française et internationale, depuis 40 ans (*Montagnes Magazine*, *Grands Reportages*, *Géo*, *Terre Sauvage*, *Trek magazine*, *Vertical*, *Grimper*, *Skieur*, *Le Figaro Magazine*, *Van Life*, *Le Monde du Camping Car*, *Art Com*, *Terre de Corse*, *Terre de Provence*…). Photographe professionnel, il a publié 17 livres dont 4 sur l'Île de beauté. Il a composé une centaine de sujets (textes et photos) sur la Corse pour la presse. L'hiver il réalise des images pour des domaines skiables : Tignes, Val d'Isère, La Plagne, Sainte-Foy Tarentaise, les Trois Vallées… Ces photos sont déposées à l'agence www.onlyfrance.fr

LES TYPES DE BALISAGE

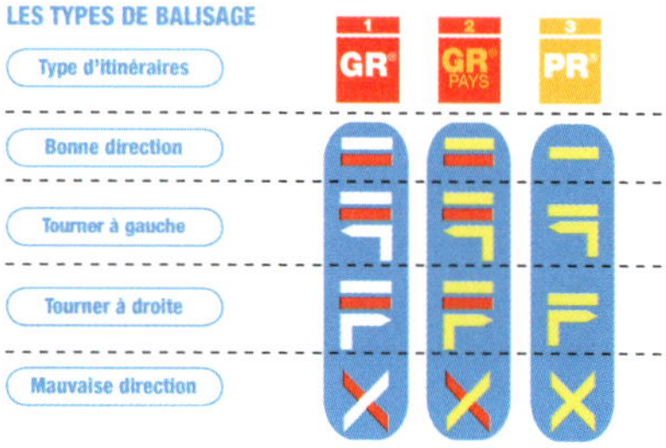

1 Grande Randonnée / 2 Grande Randonnée de Pays / 3 Promenade & Randonnée

Les itinéraires qui constituent des œuvres de la FFRandonnée et mentionnés comme tels dans le présent ouvrage, sont protégés par la loi en application notamment des articles L. 113-2, L.122-4 et L. 335-2 du code de la propriété intellectuelle. Les dénominations GR®, GR de pays® ou GRP® et PR® ainsi que les marques de balisage blanc/rouge et jaune/rouge sont des marques déposées auprès de l'INPI par la FFRandonnée. Pour l'ensemble, tous droits réservés. Retrouvez tous les itinéraires sur www.monGR.fr

Photo de couverture : étrange rocher dit du Dauphin à Campomoro au sud-ouest de l'île.
4e de couverture : l'occupation matinale de la plage de la Cala à Barcaggio au nord du cap Corse. Au large, l'île de la Giraglia.

Toutes les images sont de l'auteur.

Conception maquette, prépresse et fabrication : Glénat Production (Grenoble)
Cartographie : Murielle Dubois (Glénat)

Couvent Sainte-Cécile
37, rue Servan
38000 Grenoble
www.glenat.com

ISBN : 978-2-344-06215-9
Dépôt légal : mars 2024

PEFC 10-31-1316
IMPRIM'VERT Votre imprimeur agit pour l'environnement

AVANT-PROPOS

LITTORAL D'HIER ET D'AUJOURD'HUI

Une mer, un maquis, des senteurs, de fabuleuses plages, des criques secrètes, des falaises multicolores et des sentiers mis en valeur, le littoral de la Corse n'a pas d'égal. Ajoutez à ce tableau 100 % nature un vaste chapelet de tours de guet et vous avez une succession de paysages à contempler indéfiniment. La majorité de ces tours sont dans des lieux insolites et isolés. Vous pouvez imaginer la vie antérieure où les autochtones scrutaient quotidiennement l'horizon. L'île de Beauté a toujours attiré les navigateurs, les aventuriers et les conquérants. Ce sont les Génois (1284-1768) qui ont laissé l'empreinte architecturale la plus visible avec neuf massives citadelles et une myriade de tours avec vue sur mer (89 sont encore debout). De tour en tour, avec des feux, on s'avertissait de l'approche de navires inconnus. Elles étaient construites dans une certaine rationalité avec une citerne qui récoltait les eaux de pluies, un étage où les denrées étaient stockées, une salle de garde et au niveau supérieur la terrasse d'observation. Certaines possédaient un petit abri au sommet ou une échauguette (guérite en encorbellement). Les maîtres d'œuvre étaient des architectes génois. Le coût de la construction incombait aux villageois. La vie des gardiens corses était codifiée. Dans les basses terres du littoral oriental, les autochtones rechignaient à cette tâche de surveillance vu l'omniprésence de la malaria. Le plus grand danger était les razzias de ceux que l'on appelait les Barbaresques. Ils venaient principalement d'Afrique du Nord et des territoires ottomans. Ils ramassaient pêle-mêle les récoltes, le bétail et les habitants. La vente d'esclaves était une pratique courante. Au Moyen-Âge, les esclaves étaient les peuples du nord de la Méditerranée. En cas d'alerte, les habitants prenaient le maquis, ils se réfugiaient sur les hauteurs. Cette période tumultueuse est détaillée avec des expositions permanentes dans les massives tours de Porto, Campomoro et dans la citadelle de Bonifacio. Ironie de l'histoire, aujourd'hui le littoral attire les regards et les convoitises, alors qu'hier on l'évitait.

UNE VIE DE LIBERTÉ

La Haute Corse et la Corse du Sud font partie des départements français les plus sauvages, avec ceux d'outre-mer. Les Corses sont fiers et amoureux de leur patrimoine, et, pour eux, la nature est une bénédiction. Avant la naissance du tourisme, c'était un peuple de gens de la terre et de bergers (et de pêcheurs sur le cap Corse) qui vivaient en osmose avec leur environnement. La rude vie était tournée vers la montagne avec des cultures en terrasse et du bétail bien heureux. Les descendants de ces chèvres, cochons, vaches et autres chevaux sont toujours en liberté sur les routes et sur les chemins. Ici est un autre monde.

LE CHOIX DE LA FACILITÉ

Lorsque l'on parle de randonnée en Corse on pense bien sûr à l'épreuve physique et mentale qu'est le GR® 20 et à des randonnées difficiles en montagne. Dans l'imaginaire collectif, marcher dans l'île est une vraie aventure au niveau de l'orientation et du ravitaillement. Se perdre dans le maquis est presque un incontournable. Ceci était vrai il y a quelques décennies, mais tout s'est fortement amélioré. L'entretien des sentiers par les communes, la signalétique, les cartes géographiques et les topos ont changé la donne. Dans cet ouvrage, nous avons ausculté un territoire plus accessible, le littoral, où nous avons déniché 44 balades et randonnées. Cette sélection d'itinéraires de tous niveaux sur le pourtour de l'île est le fruit de plusieurs décennies de repérages sur le terrain. Nos propositions sont moins physiques, les dénivelés bien plus faibles et les temps de marche moins conséquents qu'en montagne. Chaque année, cette côte aux eaux turquoise fait l'objet d'améliorations (entretien des sentiers par les communes) et s'enrichit de nouveaux itinéraires de marche. La face la plus visible de ces mutations est la rénovation du patrimoine génois avec les tours de Tollare, d'Albo, d'Omigna et le fortin de Girolata.

DE L'AVANTAGE À L'INCONVÉNIENT

Ces itinéraires côtiers sont évidemment moins tributaires des conditions météorologiques que la montagne corse. Certains jours, vous marcherez au soleil alors que l'orage éclate sur les hauteurs. Mais le revers de la médaille est la chaleur excessive sur le littoral en plein été, surtout en l'absence de vent. Cette chaleur est le paramètre fondamental à prendre en compte. Il faut analyser le terrain par rapport à la position du soleil. Il faut marcher tôt ou tard lorsque la chaleur est moindre. Aux heures les plus chaudes, la sieste s'impose.

LES DIFFÉRENTS SECTEURS

Tout découpage d'un territoire est arbitraire. Mais il fallait faire des choix pour une lecture facile avec des dénominations imagées. Nous avons réalisé un découpage en 8 secteurs. Avec le cap Corse et le désert des Agriates, nous sommes dans l'isolement avec de grandes étendues à perte de vue. La Balagne a un périmètre bien défini avec une prédominance des stations balnéaires. Tout bascule totalement avec l'Ouest Corse. L'horizon laisse la place aux lignes verticales. La pièce majeure de ce secteur (et de la Corse) est le golfe de Porto. Ici le minéral est le roi des lieux dans un labyrinthe de formes étranges qui raviront les randonneurs. Le golfe d'Ajaccio compose entre l'habitat et des écrins de nature autour des fameuses tours génoises. Avec la région de Valinco et du Sartenais, on retrouve le littoral 100 % sauvage avec la renaissance du monde d'avant empli de légendes, de sites majestueux (Campomoro) et authentiques (oriu de Grossetto). Ce territoire fascinant continue sans rupture avec le Grand Sud (d'ailleurs certaines randonnées sont à cheval sur le Sartenais et le Grand Sud). Le Grand Sud est le domaine du granit brun et jaune avec étrangement la belle poche calcaire de Bonifacio. Au final, la Côte Orientale délivre sa trilogie d'étangs.

Lever de soleil sur le littoral non loin de l'étang de Biguglia.

SOMMAIRE

CAP CORSE
1
2
3
4
5
GOLFE DE SAINT-FLORENT
7
8
6
BASTIA
Saint-Florent
L'Île-Rousse
Monte Astu
T 30
T 11
44
10
Calvi
9
Borgo
Monte Grossu
Penta-di-Casinca
Monte Corona
Asco
Galeria
11
Monte Cinto
San-Nicolao
Girolata
12
Cervione
Osani
13
Corte
Col de Vergio
14
GOLFE DE PORTO
15
Porto
Linguizzetta
16
17
Venaco
19
18
Piana
Col de Sevi
Monte Rotondo
T 50
Vivario
43
20
Cargese
Monte Cervellu
Monte d'Oro
Aléria
GOLFE DE SAGONE
Monte Renoso
T 10
42
Col de Verde
T 20
Sation de Val d'Ese
Ghisonaccia
AJACCIO
22
21
GOLFE D'AJACCIO
Sari-Solenzara
Monte Incudine
23
T 40
Col de Bavella
Conca
24
Serra-di-Ferro
Zonza
Olmeto
25
Lecci
GOLFE DE VALINCO
Propriano
26
Sartène
41
MER MÉDITERRANÉE
MER TYRRHÉNIENNE
Porto-Vecchio
Sotta
27
Tizzano
28
D 659
29
30
31
32
33
Figari
40
34
35
36
37
38
39
Bonifacio
N
S
0
5
10 km

AVANT DE PARTIR

QUELQUES INFOS TECHNIQUES

Départ: Les départs des randonnées sont majoritairement indiqués avec un panneau de signalisation avec ou non le temps de marche. En l'absence d'informations sur le terrain, il faut ouvrir l'œil avec une certaine logique comme une bonne usure du sol au départ du sentier. À vous de confirmer avec la carte dessinée sur ce topo.

Accès: Descriptif de l'accès routier au point de départ de la randonnée depuis une localité de référence.

Dénivelé: Dénivelé positif cumulé des montées. Sur les sentiers du littoral, il est souvent faible. Le plus fort dénivelé de cet ouvrage est dans les Calanche de Piana avec l'ascension du Capo d'Orto.

Horaire: Temps de marche (pauses non comprises) donné à titre indicatif. Tout sera fonction de votre âge, de votre forme physique et surtout de la chaleur qui peut vous assommer en plein été.

Randonneuses avec de bonnes réserves d'eau entre Campomoro et Senetosa.

Distance: la majorité des itinéraires s'effectuent à la demi-journée ou à la journée. La seule sortie de deux ou trois jours se situe dans le désert des Agriates avec un parcours en autonomie presque totale. Dans certains cas (ex: Campomoro), des options plus longues sont proposées. Une nuit dans le refuge phare de Senetosa est incontournable. Parfois il faut jongler avec deux voitures ou un taxi (ex: De La Tonnara à Bonfacio) car les retours sont très longs. À vous de juger.
Balisage: il devient presque omniprésent avec des traits de peinture jaune sur les rochers et les arbres. Parfois il y a des bornes fixées au sol avec la carte des lieux dessinés (ex: Capo di Muro), le sigle sentier des douaniers (cap Corse) ou des noms avec la direction (ex: Saleccia). Dans les grandes classiques, des panneaux sont aux croisements des sentiers (ex: Calanche de Piana, Girolata, Capo di Feno...)
Difficulté: vu les temps de marche, souvent entre 2 à 3 h, ces balades et randonnées sont de difficulté faible (ex: Olmeto, le belvédère du Château Fort à Piana) à moyenne (ex: tour du Lion de Roccapina). Certaines randonnées peuvent être très longues si vous effectuez l'aller et retour. En mai juin ou septembre octobre, tous ces itinéraires sont un régal. En juillet et août, il faut parfaitement analyser la météo du jour avec les éventuels pics de chaleur.
Carte IGN Top 25: Ces cartes réactualisées périodiquement ont bercé des générations de marcheurs. C'est l'outil précieux lorsque le terrain présente un relief complexe. Dans les itinéraires d'une ou deux heures le long du littoral, elles ne sont pas obligatoires.

MATÉRIEL

Prévoir des chaussures de marche légères, les protections contre le soleil (chapeau, lunettes de soleil et crème solaire) et beaucoup d'eau. Très peu d'itinéraires passent ou arrivent à des villages. 95 % des lieux présentés sont dans des lieux déserts, sans source et sans fontaine. Quelques rares randonnées croisent des paillotes sur les plages en début ou fin de parcours (nord-est du cap Corse et golfe de Porto à Girolata). L'hiver, en bord de mer, il peut faire froid, prévoyez une petite polaire et/ou un coupe-vent.

SECOURS

Composez le 112.

LES OFFICES DE TOURISME ET TRANSPORTS

Cap Corse: 04 95 54 20 40 www.bastia-tourisme.com
Désert des Agriates: 04 95 37 96 94 www.corsica-saintflorent.com
Balagne: 04 95 65 16 67 www.balagne-corsica.com et www.calvi-tourisme.com
Golfe de Porto: 04 95 26 10 55 www.porto-tourisme.com
Cargèse: 04 95 26 41 31 www.ouestcorsica.com
Ajaccio: 04 95 51 53 03 www.ajaccio-tourisme.com

Propriano : 04 95 76 01 49 www.lacorsedesorigines.com
Sartène : 04 95 76 01 49 www.lacorsedesorigines.com
Bonifacio : 04 95 73 11 88 www.bonifacio.fr
Zonza et Sainte-Lucie de Porto-Vecchio : 04 95 71 48 99 www.zonza-saintelucie.com
Ghisonaccia : 04 95 56 12 38
www.corsicalinea.com ferry entre le continent et la Corse.
www.corsicaferries.com ferry entre la France, l'Italie et la Corse.
www.aircorsica.com ligne aérienne
www.sanpaulu.com navette maritime cap Corse.
www.lepopeye.com navette entre St Florent et la plage du Loto
www.autocarssantini.fr bus entre l'Ostriconi et St Florent
www.campumoru-senetosa.corsica pour réserver nuit au refuge – phare de Senetosa
www.sentiers-patrimoine-corse.fr tout savoir sur ces circuits rando/patrimoine dont les étranges Orii

Au regard des réseaux de bus, disposer d'une voiture est indispensable pour se rendre aux départs de la grande majorité de ces itinéraires.

EN QUELQUES MOTS

Altitude : qui dit sentier du littoral dit faible altitude. Donc, météo souvent moins capricieuse qu'en montagne, mais à l'inverse vous n'avez pas la fraîcheur des hauts sommets.
Arbres : le pin laricio est rectiligne et haut de 40 m. Il est sur les hauteurs. Vous pouvez en observer dans les Calanche de Piana. Sur le littoral, les pins maritimes (Saleccia) et parasols (Saint-Florent) sont rois. L'arbre nourricier pour l'homme était le châtaignier. Aujourd'hui, il reste toujours très apprécié des cochons et des sangliers.
Balisage et orientation : tout s'harmonise et devient très performant grâce aux services communaux et au Conservatoire du Littoral. Sur le littoral, l'orientation est facile grâce à la proximité de la mer, référence immuable.
Cairn : empilement de pierres pour définir un sentier. Il se voit de loin. C'est une vieille tradition. Maintenant il existe des champs de cairns à vocation artistique comme au sud de la Tonnara.
Citadelles : en suivant les parcours de cet ouvrage, vous allez côtoyer les deux plus belles et massives citadelles de l'île avec Calvi et Bonifacio. Ce sont les œuvres de plusieurs générations d'architectes et de militaires qui se sont relayés. Après chaque assaut, les murailles étaient pansées et repensées. À chaque évolution de l'armement, des réponses étaient apportées.
Chaussures : la chaussure est votre lien avec la terre et les sentiers. Dans l'île de Beauté, ceux-ci sont souvent accidentés même sur le littoral. Laissez dans votre coffre les tongs et les claquettes.
Conservatoire du Littoral : créé en 1975, le Conservatoire du Littoral a pour mission qu'acquérir et de protéger des espaces sauvages ou dégradés. Organisme d'État unique

en Europe, il a réalisé un travail d'exception en Corse, dont nous sommes tous les heureux bénéficiaires aujourd'hui.

Eau: douce, elle est vitale pour nous. Sur ce littoral aride, les sources sont très rares, et s'absentent dès la fin du printemps. Il faut impérativement bien gérer ce précieux liquide. Peu d'itinéraires côtoient des villages (fontaines) ou des paillotes sur les plages.

Églises et chapelles: comme dans tous les espaces ruraux où la vie était rude et en autarcie, la religion tenait, et tient encore, une place importante en Corse. Certaines fêtes religieuses sont des communions intenses où tout le village se réunit. Pour certains c'est l'instant d'expier ses péchés comme à Sartène avec le chemin de croix: U Catenacciu. Un pénitent vêtu en rouge porte une croix de 37 kg et traîne une chaîne de 17 kg à une cheville. À Bonifacio les processions de chaque confrérie sont intenses et très ritualisées. Témoins de cette ferveur religieuses le long de ces sentiers du littoral, on peut apercevoir des chapelles isolées (Maccinaggio, Capo di Muro) des oratoires (Calanches de Piana) ou des ermitages (Bonifacio)

Érosion: sur le calcaire, l'eau des pluies ruisselle et creuse des grottes comme dans le petit socle de roches sédimentaires au-dessus d'Erbalunga. Les plus vastes grottes sont à Bonifacio, les plus vastes se visitant en bateau ou en kayak. La forme d'érosion la plus étonnante est la presqu'île du phare de la Madonetta à l'entrée du port. Côté granit, c'est un concert dantesque de formes voluptueuses, notamment dans le golfe de Porto, à Campomoro et Grossetto. Voir également Taffoni.

Faune: elle est dense avec les oiseaux marins (goélands, cormorans et même flamants roses dans les étangs et le balbuzard pêcheur sur les pitons rocheux sur la presqu'île de la Scandola), les sangliers et les tortues d'Hermann (pour citer deux extrêmes en taille), les reptiles (tortues cistudes), batraciens et sauriens avec le lézard tiliguerta, le roi du camouflage.

Flore: entre la mer et la terre, sur la fragile et fine bande littorale, des plantes et des arbres croissent. De petite taille, on aperçoit le panicaut maritime, la criste-marine, le célèbre figuier de barbarie et les salicornes. Plus haut dans le ciel apparaissent le tamaris, le puissant eucalyptus et le pin maritime et parasol. Tous prennent racine dans un sol meuble, le sable. Sur la plage de Saleccia d'énormes pins maritimes se couchent et renaissent.

Fortin: à mi-chemin entre la citadelle et la tour génoise, ils sont rares (Tizzano). Le plus bel exemple est un chef-d'œuvre rénové dernièrement avec le fortin de Girolata (visitable). Avec son isolement, ce hameau de Girolata devient ainsi une des merveilles de la Méditerranée occidentale.

Géologie: la Corse et la Sardaigne faisaient partie intégrante du sud-est de la France. 40 millions d'années plus tard, après un long voyage, la Corse et la Sardaigne sont proches de l'Italie. S'il fallait résumer la composition géologique en deux mots: le nord-est est le territoire du schiste, le sud-ouest est le domaine du granit avec une poche volcanique (orgues de basalte à La Scandola) au nord du golfe de Porto. Sans omettre l'incroyable petit îlot de calcaire de Bonifacio.

Hospitalité: l'hospitalité des Corses est légendaire. Présentez-vous comme un visiteur curieux et attentif et les portes s'ouvriront.

Incendies: chaque année ils sont trop nombreux. L'homme est le plus souvent le responsable de ce fléau. En cas de sécheresse et de vent, certains secteurs peuvent être fermés (désert des Agriates).
Maquis: dès que l'on pose le pied en Corse, on est sous l'emprise des puissantes senteurs du maquis. Plantes, arbrisseaux, épineux, la liste est grande. Le romarin, la lavande et le thym, ce trio très odorant est utilisé en cuisine. Avec leurs couleurs, les fleurs de la ciste colorent le maquis un court instant avec un mélange de rose, de blanc et de jaune. Plus haut sur pied, le dense tapis du maquis mélange le pistachier lentisque, le buis, le genêt et le myrte. Les plus fiers en taille sont l'olivier sauvage, l'arbousier (et ses fruits orangés), le chêne vert, le chêne-liège et les tortueux genévriers (oxycèdre et de Phénicie). Le résultat de cette vigueur de la nature donne un végétal impénétrable. Aujourd'hui, les sentiers sont entretenus, mais une tenue très légère ne vous protégera sans doute pas suffisamment.
Météo: elle est plus clémente et moins capricieuse sur le littoral que sur les hauteurs de l'île. Autre phénomène, en fonction du vent dominant vous pouvez avoir (par exemple) de la pluie sur la Balagne et du beau temps à Bonifacio, et vice versa.
Noms des lieux: sur les routes et les sentiers, vous pouvez avoir les noms en langue corse et en français. Nous avons souvent utilisé les noms figurant sur les cartes routières pour les sites très connus. Dans les lieux plus intimistes, nous nous sommes rapprochés de la carte IGN.
PNRC: parc naturel régional de la Corse, www.pnr.corsica
Périodes: il y a deux mondes qui se croisent parfois. Le monde des marcheurs souvent adepte du printemps et de l'automne (les mois bénis) et le monde des baigneurs en juillet et août. Au cœur de l'été, si votre désir légitime est de marcher, partez très tôt ou attendez la fin de l'après-midi.
Routes: elles sont nombreuses, étroites et sinueuses dans la majorité des cas comme sur le cap Corse et à l'ouest de l'île. Pour chaque déplacement en automobile, on ne compte pas en kilomètres mais en temps avec une vitesse de 40 et 60 km/h.
Sentier des douaniers: avant l'ère moderne du commerce et la naissance de l'Union européenne, des droits de douane régissaient les échanges entre les pays, les régions et même les villes. De tout temps les douaniers et contrebandiers ont joué aux gendarmes et aux voleurs. Dès qu'il y avait possibilité d'accoster sur la côte, des sentiers naissaient pour contrôler ce littoral. Aujourd'hui le marcheur bénéfice du travail des douanes.
Sieste: instant d'exception où le temps est en suspension aux heures les plus chaudes après la collation du midi. Allongé à l'ombre, le maquis embaume l'espace et vous entendez les bruits subtils de la nature. Ce bercement vous mène à l'assoupissement. Au réveil vous êtes comme neuf. La Corse a des vertus insoupçonnées. Vous êtes sous le charme de cette île, pour la vie.
Taffoni: ce mot insulaire définit une forme d'érosion du granit tous azimuts. Cela donne un spectacle unique sur le minéral avec des trous, des cavités, voire des grottes aux formes arrondies et voluptueuses. Quatre acteurs sont à l'origine de cette création:

Fine érosion sur les hauteurs de Calvi.

l'eau, le vent, le sel et le soleil. On peut admirer ce phénomène sur l'ouest et le sud de la Corse. On peut visualiser une interprétation de cette curiosité géologique au musée A Casa di Roccapina, au sud de Sartène. Bien sûr, depuis des siècles, l'homme a tiré bénéfice de ces abris naturels. Aujourd'hui cette utilisation ancestrale et aménagée porte le nom d'oriu.

Tours génoises: aucune île en Méditerranée ne possède un tel patrimoine avec l'omniprésence de ces tours de guet qui pouvaient aussi permettre la collecte des droits de douane. Elles pouvaient être également défensives, certaines possédaient un canon. Avec ces 45 itinéraires, vous en côtoyez intimement une vingtaine.

Oriu: les premiers abris-sous-roche étaient clôturés par des branchages. Puis des pierres et des murets apparurent. Dans ces faiblesses de la roche étaient cachés les hommes, les bêtes, les récoltes et parfois des sépultures. Les orii (pluriel de oriu) les plus sophistiqués possédaient des fenêtres et des portes. Ces ouvertures sont toujours en hauteur. Aujourd'hui, ils appartiennent au patrimoine. Les plus majestueux sont en pleine nature près de Monacia-d'Aullène (sentier du patrimoine et Grossetto) et de Figari. On peut découvrir des orii reconstitués au musée A Casa di Roccapina.

Coucher de soleil sur le cap Corse avec les tours génoises de Finocchiarola, d'Agnello et de la Giraglia avec son phare.

SECTEUR

LE CAP CORSE

En forme de doigt pointé vers le nord, le cap Corse présente une longue et haute crête montagneuse balayée par les vents. Une route tortueuse fait presque le tour intégral de cet univers sauvage. Le lieu est relativement peu fréquenté vu l'absence de grandes plages de sable ; en inter-saison nous marchons seuls au monde. Les villages sont de taille réduite et peu nombreux. À l'extrême partie septentrionale, il n'y a que deux entités habitées minuscules : Barcaggio et Tollare. Cette petite marine ne compte plus que sept habitants l'hiver. La face occidentale est plus abrupte que la face orientale au-dessus de Bastia. Le cap Corse était la seule partie de la Corse qui était tournée vers la mer avec quelques pêcheurs et des embarcations qui faisaient commerce avec la Toscane et la Ligurie, lors de l'emprise de Pise puis de Gênes. Le port de Centuri est encore renommé pour la pêche à la langouste, mais chaque année le nombre de pêcheurs décroît. Le métier est trop dur et les ressources naturelles se font plus rares. Ce territoire regorge de tours génoises encore debout. La plus forte concentration de Corse. Patiemment elles sont rénovées, le plus fidèlement possible en fonction des archives retrouvées. Au départ, en court de chemin ou à l'arrivée il y a toujours une tour génoise. Pour le randonneur, cette côte présente un attrait fascinant avec un maquis assez bas vu la violence des vents. Ici on parle de sentiers des douaniers ; vu l'absence de routes, les représentants de l'État parcouraient ce littoral à pied. Le souvenir de cette époque est resté dans les mémoires. Côté géologie, nous sommes au pays du schiste et du calcaire.

DE MACINAGGIO À BARCAGGIO, VIA LA TOUR SANTA MARIA

Cette randonnée loin de tout vous met tout de suite dans l'ambiance sauvage de toutes nos propositions à suivre. Ici la nature offre au premier abord un visage minimaliste avec un maquis omniprésent, du sable, quelques excroissances rocheuses et deux tours génoises dont celle de Santa Maria qui a les pieds dans l'eau, fait inédit sur l'Île de Beauté. Celle-ci est ruinée. L'amiral Nelson et sa flotte avaient un faible pour le tir au canon. En voici le résultat. On remarque que la structure de la tour est en schiste, alors que dans le sud-ouest de l'île, les pierres de granit sont utilisées. Au large se profilent les îles Finocchiarola, sanctuaire des oiseaux marins. La balade familiale facile mène à la tour Santa Maria avec un retour possible par l'intérieur des terres (1h30 de marche pour cette boucle). Notre proposition développée ci-dessous est une vraie randonnée longue avec un final qui surplombe la tour de Barcaggio. Cerise sur le gâteau dans le port de Barcaggio vous pouvez prendre une navette maritime qui vous ramène au port de Macinaggio. Se renseigner avant le départ.

Départ : du port de Macinaggio (soit une heure de plus aller et retour) ou de la plage de Tamarone.
Accès : au nord de Bastia, prendre la sinueuse route D 80 de la face orientale du cap Corse. Macinaggio est à 45 min en voiture de Bastia. La plage de Tamarone, à 3 kilomètres du village, est accessible par une piste carrossable un peu poussiéreuse en passant devant le camping familial U Stazzu.
Dénivelé : aller 300 m de montée et descente
Horaire : aller 3h30 à 4h30
Distance : aller 10 km + 3 km si départ de Macinaggio
Balisage : sentier des douaniers, balisage jaune
Difficulté : moyenne. L'itinéraire total est long sur une côte vallonnée et des sentiers de terre, de sable et de minéral. Peu d'ombre. La chaleur est le principal ennemi avec aucun point d'eau. Aucun problème d'orientation. Vous marchez toujours en parallèle de la côte.
Carte : IGN 4347 OT
Navette maritime : www.sanpaulu.com, 06 14 78 14 16. Excellent accueil aux randonneurs.

Deux départs possibles, du nord du port de Macinaggio (une heure de plus) ou du parking (chemin carrossable et parking en terre battue) de la très belle plage de Tamarone agrémentée d'une très bonne paillote. Devant ce restaurant, un panneau vous indique le début de la marche sur la plage au ras de l'eau. Au bout de cette étendue de sable, deux possibilités: le sentier part vers l'intérieur (souvent plus chaud) ou le long du littoral. À vous de choisir votre sens de rotation si vous faites l'option courte en boucle de 1h30.

La tour Santa Maria, meurtrie et les pieds dans l'eau.

Descente vers la tour d'Agnello avec au large l'île de la Giraglia.

La version longue jusqu'à Barcaggio (sa tour et son port) s'étire sur 12 kilomètres à l'aller, d'où l'importance d'un retour en bateau. Après la tour Santa Maria, on longe la plage de la cala Genovese, puis la Cala Francese. Lorsque le sentier s'élève, il s'éloigne un peu de la côte. Le point haut est un petit collet à 130 mètres avec une vue sur toutes les tours et les îles environnantes avant la descente sur la tour d'Agnello. Le final ludique est une marche le long de la plage de la Cala, une plage aux eaux turquoise (paillote) où les bovins ont leurs habitudes.

DE BARCAGGIO À LA TOUR D'AGNELLO

Barcaggio est le seul port de l'extrême nord du cap Corse. Ce hameau isolé fait partie de la commune d'Ersa. Les routes sont longues, étroites et sinueuses pour arriver en ce lieu. De ce fait, il n'y a pas foule. Certains jours les bovins sont plus nombreux sur les plages que le nombre de visiteurs et de marcheurs. Cette proposition à l'est de Barcaggio est assez courte, mais de toute beauté et variée avec une très belle plage de sable et une eau très claire, un petit paysage de dunes, un passage sous de grands genévriers et une fin aride où l'on s'élève pour atteindre la tour d'Agnello. À 2 kilomètres au large se profile l'île de Giraglia avec son phare et sa tour. Un premier positionnement de phares sur le pourtour de la Corse fut déterminé au milieu du XIXe siècle, avec la Giraglia, la Revelatta, la Chiappa, les Sanguinaires et Pertusatu. Tout comme la construction de la tour génoise, la naissance du phare de la Giraglia fut un tracas avec une mer capricieuse, des accostages délicats, beaucoup de matériaux et du personnel venant de Bastia. Dix années furent nécessaires pour bâtir ce monument crénelé de 26 mètres de haut et de 104 marches. La visite de ce lieu était un grand moment. Aujourd'hui, l'île est interdite. Du point haut de la tour d'Agnello, sortez les jumelles pour contempler la Giraglia. Plein est, certains jours vous apercevez parfaitement l'île italienne de Capraia et plus au sud de ce confetti, la massive île d'Elbe où fut exilé Napoléon pendant dix mois.

Départ : du port et du village de Barcaggio.
Accès : de Macinaggio à Barcaggio, 18 km de route. La dernière partie D 253 est étroite. Le bon plan est de prendre la navette maritime U San Paulu dès le matin du port de Macinagio et d'opérer un retour en fin de journée avec ce même service après cette balade.
Dénivelé : 30 m
Horaire : aller et retour 1 h 30
Balisage : sentier des douaniers avec des cairns artistiques et des bornes au sol.
Difficulté : facile. Itinéraire parfait pour la famille avec baignade et restauration à la paillote A Cala sur la grande et belle plage du même nom.
Carte : IGN 4347 OT
Navette maritime : www.sanpaulu.com, 06 14 78 14 16. Excellent accueil aux randonneurs.

La tour d'Agnello sur son éperon rocheux au-dessus de la grande bleue.

L'orientation de ce parcours est simple et sans piège puisque nous sommes en terrain découvert. Le départ est sur le flanc est du village, parking de la plage de la Cala. Une petite passerelle permet de franchir le cours d'eau et de vous diriger immédiatement vers la plage. Vous marchez sur le sable, vous apercevez de petites dunes protégées. Le sentier se dessine sur un socle rocheux avant le passage sous ces grands et étranges genévriers. Le sentier suit le contour de la côte et il s'élève doucement pour arriver à la tour d'Agnello. Elle est toujours ouverte, mais elle n'est pas dans un état de grande fraîcheur. Si vous êtes en forme, vous pouvez marcher vers la Cime di a Campara un point haut pour admirer le panorama (comptez env. 50 minutes aller et retour).

Ci-dessus : contre-jour matinal avec la tour d'Agnello.

Ci-dessous : l'île de la Giraglia, interdite d'accès, avec son phare et sa tour.

DE BARCAGGIO À TOLLARE

En reliant ces deux entités à pied, vous êtes au ras du littoral, dans un monde aride où seuls des végétaux tenaces trouvent racines. Balade familiale facile en aller-retour avec une visite de la très belle marine de Tollare (7 habitants à l'année et 250 l'été). Ce hameau est composé de deux lignes de maisons collées les unes aux autres, comme pour mieux résister aux intempéries. Au milieu un petit quai permettait d'embarquer les denrées exportables vers la côte italienne et la Provence. Avant le départ et en attente d'une mer calme les olives et les grains étaient stockés dans des hangars voûtés toujours visibles. Une tour génoise fait corps avec l'habitat. Cet édifice servait aussi de refuge en cas de doute et d'attaque. Les Cap-Corsins étaient tournés vers la mer, c'étaient des marins, mais ils en craignaient les inconvénients. En sus, il était connu et reconnu qu'une source d'eau douce débouchait au ras de l'eau près des maisons. Ce qui incitait tous navigateurs à faire escale et plus si affinité. Comme toutes les balades depuis Barcaggio vous pouvez bénéficier de la navette San Paolo au départ de Macinaggio. De quoi avoir deux visions de cet espace insolite, depuis la mer et sur terre.

Départ : du port de Barcaggio, unique village et port au nord du cap Corse.
Accès : on peut se rendre par la route à Barcaggio depuis Saint-Florent (68 km et 2 h de route) ou depuis Bastia (55 km et 1 h 30 à de route). De Macinaggio à Barcaggio par la route comptez 40 min pour 20 km. L'autre option de charme est de prendre la navette San Paulu qui relie les ports de Macinaggio et de Barcaggio, www.sanpaulu.com, 06 14 78 14 16.
Dénivelé : 50 m
Horaire : aller et retour 1 h 30
Distance : aller et retour 4 km
Balisage : sentier des douaniers, panneaux directionnels
Difficulté : facile. Itinéraire court parallèle au littoral. Pas d'ombre. Aucun problème d'orientation.
Carte : IGN 4347 OT

Ci-dessus : excroissance rocheuse sur le sentier du littoral avec l'incontournable île de la Giraglia.

Ci-dessous : la marine de Tollare avec son étonnant chapelet de maisons groupées au pied de la tour génoise.

Lumière du matin et marche vers Tollare.

Avant toute signalétique, le cairn était la marque des sentiers.

Sur le cap Corse les sentiers des douaniers sont omniprésents. Ces sentiers de surveillance prennent naissance au moment de la Révolution alors que les taxes sont très élevées sur toutes les marchandises. Les ennemis de la France et les contrebandiers s'engouffrent dans un commerce parallèle. La proposition de Barcaggio à Tollare (en aller et retour) est le parcours le plus court de ce secteur, parfait pour une balade familiale. Dès la sortie de Barcaggio, à l'ouest, un panneau en hauteur vous indique le départ du sentier que l'on voit en léger contrebas. Il est parfaitement tracé, parcourant deux caps et deux criques. Au nord se dessine l'immuable silhouette de l'île de la Giraglia. Vu la vigueur des vents du large, le végétal est au ras du sol. Une discrète paillote sur la plage juste avant Tollare. Aucun commerce dans le hameau.

LA TOUR DE SÉNÈQUE

Le doigt du cap Corse est une longue montagne tortueuse qui occupe la majeure partie de cette insolite avancée dans la mer. Dans le tiers supérieur se dresse la tour de Sénèque. L'accès n'est pas un sentier du littoral proprement dit, mais de son sommet on aperçoit la côte est (à 2 km) et la côte ouest (à 8 km). Pour l'observateur la mer est omniprésente. Au sommet d'un fier éperon rocheux, ce point haut (564 m) a attiré des générations de conquérants. Les Romains furent les premiers à avoir construit un édifice sur ce pic vertigineux. Suivra un château féodal et au XVIe siècle cette tour génoise. A ses pieds, on remarque des vestiges de murailles et les restes d'une citerne qui récoltait les eaux de pluie. Cette tour porte le nom du célèbre philosophe et homme d'État Sénèque. Il fut conseiller de Caligula. Il fut exilé en Corse pour cause d'adultère avec la fille de l'empereur Claude. Il est possible que Sénèque passât ici lorsque le lieu était occupé par les Romains. Une légende dit qu'il vécut ici en ermite.

I Départ : grand parking du couvent Saint-Nicolas (aujourd'hui transformé en gîte).
I Accès : se rendre au col de Santa Lucia. Ce lieu à 381 mètres d'altitude est sur la route D 180 accessible de Pino sur le flanc ouest ou de Santa Severa sur le flanc est. Du col, une minuscule route (très délicat de se croiser) monte au couvent.
I Dénivelé : 75 m
I Horaire : aller et retour 45 min à 1 h
I Difficulté : facile jusqu'à l'éperon final qui accueille la tour. Le final est un peu technique sur des dalles légèrement inclinées. Parfait pour une balade familiale, si chaleur non excessive.
I Carte IGN : 4347 OT

Ci-dessus : les hauteurs du cap Corse sont couvertes d'un dense maquis.

Ci-contre : randonneur au pied de la tour de Sénèque avant le dernier raidillon.

Balade facile et familiale, mais gare aux fortes chaleurs. Le départ encaissé peut être un four. Du parking, on aperçoit la tour et la pancarte indiquant le départ du sentier qui fait un grand tour pour aborder l'édifice sur la face occidentale la moins raide. Au départ, la courte montée vers la gauche commence tout de suite à découvert. Puis on entre dans une forêt de chênes verts. Le final se déroule sur un gros bouclier minéral. Il faut ouvrir l'œil pour visualiser l'accès au sommet de l'éperon avec quelques pas d'escalade facile de niveau 3. Au loin se dessinent des îles italiennes dont Capraia et l'île d'Elbe.

DE LA TOUR D'ALBO À NONZA

Une mer turquoise, de grandes plages de galets gris et noirs et un dense maquis, voici le tableau de cette randonnée très peu commentée dans les guides tous azimuts. Le départ s'effectue à la tour d'Albo (détruite et reconstruite plusieurs fois à la suite d'attaques barbaresques) avec son petit hameau qui offre quelques restaurants agréables, une aire de stationnement gratuite pour les camping-cars et un grand parking. Sous des tamaris on peut trouver de l'ombre. La tour massive est d'un blanc immaculé. Elle vient d'être rénovée. Son crépi va devenir écru et légèrement jaune au fil des années. L'arrivée de cette randonnée s'effectue dans le somptueux village de Nonza, perché à 155 mètres sur un éperon rocheux. Au-dessus des maisons aux lourds toits de pierres plates (lauzes sur le continent et teghje en corse) trône une tour à l'aspect originale. Elle n'est pas génoise. Elle a été construite (1760) par les partisans de Pascale Paoli. Le lieu est parfait pour notre pause du midi avec une épicerie et de bons restaurants dont l'original Café de la Tour en plein centre. Cette petite randonnée est idéale pour aller découvrir tranquillement Nonza, village coincé entre la verticalité de la montagne et la falaise qui plonge dans la mer, où il est très délicat de garer un véhicule. En été, un parcours en fin d'après-midi vous évitera le bain de foule à Nonza et vous offrira bien souvent un somptueux coucher de soleil.

La colorée église Sainte-Julie de Nonza.

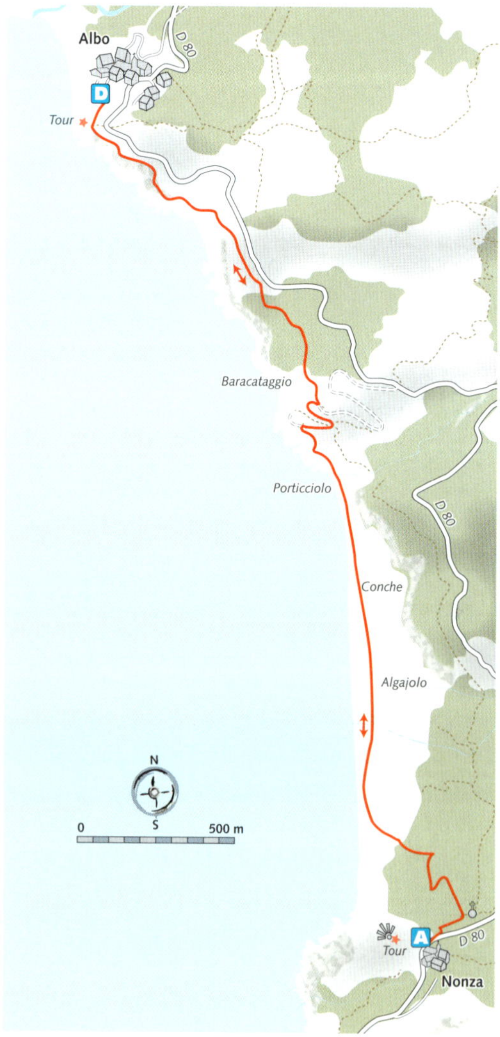

Le départ du sentier du littoral au pied de la tour d'Albo rénovée.

Départ: de la charmante et calme marine d'Albo.
Accès: sur la côte ouest du cap Corse, Albo est à 24 kilomètres au nord de Saint-Florent.
Dénivelé: 250 m
Horaire: aller et retour 3 h
Distance: aller et retour 7 km
Difficulté: moyenne si grosse chaleur. Sentier aussi appelé: Sopra au Mare. Peu d'ombre, sauf dans l'ultime montée au village. Orientation facile, parcours en permanence entre le littoral et la route D 80. Pas d'eau, aucune habitation sur le parcours excepté à Nonza.
Carte IGN: 4347 OT

Se garer sur le vaste parking de la plage d'Albo. Le sentier démarre au pied de la tour. Rapidement vous surplombez une petite plage au fond d'une crique. Se présente une seconde deuxième plage bien plus longue. Là, il faut être vigilant et prendre la sente qui s'élève au-dessus de la plage (attention aux tracés réalisés par les baigneurs). Ces plages sont de galets gris et noir, résidus de la carrière d'amiante non loin. Vous êtes sur un sentier bien tracé entouré d'un dense maquis. Vous arrivez sur une petite route et au lieu-dit et désert Baracataggio (sur la carte IGN). Vous descendez quelques lacets pour arriver sur la plage de Nonza. De là, deux versions: emprunter un sentier dans le maquis, parallèle à la route (D 80) juste au-dessus, ou marcher sur la longue plage, option plus ludique et recommandée. Vous apercevez l'église ocre de Nonza, perchée au-dessus de vous. Juste après quelques maisons en cours de rénovation, un escalier plus que centenaire se profile au ras des galets. Cette montée est encadrée de murets et de terrasses hier agricoles. À la fin du XIXe siècle, il y avait 500 habitants à Nonza. Aujourd'hui ils sont 60. Sur ce pan de falaise légèrement exposé au nord, le dense végétal offre de l'ombre. Vous débouchez au cœur de Nonza. D'un univers en solitaire vous plongez subitement dans la foule des visiteurs en tongs. Après la sieste, le retour est en sens inverse de quoi découvrir d'autres détails avec une autre lumière.

La tour de Nonza n'est pas génoise. Elle fut construite par les partisans de Pascal Paoli.

SECTEUR

LE DÉSERT DES AGRIATES

Il faut se méfier des appellations. Ce désert fut l'un des greniers à céréales de l'île au temps de l'autarcie avant la marée montante de l'exil et du tourisme. L'origine du nom vient du latin *ager*, qui définit une pièce de terre cultivable. Aujourd'hui il ne reste que quelques ovins et des bovins en toute liberté dans ce grand territoire entre Saint-Florent et la Balagne. Le lieu est unique et il est resté d'origine, loin de tout urbanisme. Les tours génoises et les phares sont les seules constructions visibles sur la côte. Pour les guides touristiques, ce paradis aux eaux turquoise se résume en deux lieux magnifiques que sont les plages du Loto (ou Lodu) et de Saleccia. Ce sont deux grandes plages de sable fin avec une Méditerranée limpide à souhait. En arrière-plan des étangs qui naissent et se modifient en fonction des cours d'eau en amont. L'hiver, en cas de tempêtes c'est la mer qui remplit ces plans d'eau. Tout un chacun peut accéder à ces sites naturels par des pistes tout juste carrossables ou par les navettes maritimes au départ de Saint-Florent. Parcourir le désert des Agriates est un motif d'émerveillement avec une satisfaction renforcée que seuls les marcheurs connaissent dans un isolement permanent. Trois itinéraires sont proposés, de

Coup de vent sur la plage déserte de Saleccia en fin juin.

quoi satisfaire tous les randonneurs, en famille ou sportifs. Au milieu de nulle part, le camping U Paradisu est presque le seul espace de vie en arrière-plan de la plage de Saleccia. C'est un atout indéniable pour les randonneurs qui voyagent légers, avec son restaurant et sa petite épicerie. En retrouve une autre oasis habitée au lieu-dit Ghignu (moins fréquenté). Là, ce sont des anciennes bâtisses rudimentaires de bergers (des paillers) qui sont louées. Sur la plage en contrebas, se trouve une source d'eau douce, vitale, mais gare, le fin filet d'eau n'est pas permanent.

Un long sentier du littoral suit cette longue côte désertique entre la plage de la Roya à Saint-Florent et le site de l'Ostriconi à l'ouest. Trois jours sont nécessaires (les gros marcheurs mettront deux jours) pour parcourir à pied cet itinéraire unique en France métropolitaine. Une randonnée d'exception pour plonger dans le minimalisme. C'est une épreuve où il faut gérer la chaleur et les réserves d'eau. Au cœur de l'été, ce challenge est quasi impossible, d'autant plus que l'ombre est rare car le maquis est de taille réduite. Par ailleurs, vu la sécheresse estivale, si le vent se lève, l'espace devient très dangereux en cas d'incendie.

DE SAINT-FLORENT À LA TOUR DE MORTELLA

À la plage de La Roya, la mer est un miroir tous les matins. Un lieu idéal pour nager. Du bout de cette plage (côté ouest) un discret sentier du littoral prend naissance. Il fallut de longues gesticulations pour que la loi du littoral soit respectée. Ce sentier des douaniers mène à l'Ostriconi. Pour l'heure, nous vous proposons un aller et retour à la tour de Mortella, soit au total 3 h 30 à 4 h heures de marche. Cette tour de guet génoise date du XVIe siècle. Elle fut meurtrie par les Anglais. Pour conserver une trace de ce fait historique elle fut consolidée en l'état. L'amiral Nelson prit note de la fabrication de cet édifice et il s'en inspira pour garnir certaines côtes britanniques de constructions identiques. En chemin, l'un des temps fort est la traversée de l'embouchure du Fiume Santu avec son atmosphère de lagon. L'été, ce lieu est très prisé des petites embarcations à fond plat. Le randonneur passe le gué les chaussures en main. En fonction des courants et des antécédents de la météo, la profondeur de ce passage varie. Il y a peu de dénivelé sur le parcours, le seul ennemi est la chaleur. En fin d'après-midi, grâce au haut maquis (profitons-en ce n'est pas le cas dans le reste des Agriates), beaucoup de lieux sont à l'ombre. L'autre version est de continuer jusqu'à la plage du Loto (Lotu ou Lodu) et de prendre une navette maritime pour rentrer au port de Saint-Florent. De même vous pouvez vous faire déposer au Loto en navette le matin et revenir par le sentier du littoral jusqu'à Saint-Florent. Ce que nous vous conseillons car les retours du Loto à Saint-Florent sont compliqués avec les navettes maritimes en fin de journée lorsqu'il y a du monde. Du Loto à Saint-Florent, aller simple 3 h 30 à 4 h pour regagner le port. Se renseigner au préalable : www.lepopeye.com

Départ : du bout de la plage de la Roya, côté occidental, ou de l'anse (crique) de Fornali.
Accès : la plage de la Roya est à deux minutes en voiture du centre de Saint-Florent. Pour les piétons, une grande passerelle relie le port de Saint-Florent et la partie orientale de la plage de la Roya.
Dénivelé : 150 m aller saint Florent - Loto
Horaire : aller et retour à la tour de Mortella 3 h 30 à 4 h, aller simple plage du Loto 3 h 30 à 4 h
Distance : aller et retour à la tour de Mortella 14 kms, aller simple plage du Loto du Loto 12 kms
Difficulté : moyenne pour de bons marcheurs à difficile pour des marcheurs occasionnels. Sentier évident car très fréquenté sur de la terre et du sable. Orientation facile car toujours parallèle au littoral. Pas de point d'eau. Sauf bar-restaurant La Cabane au Loto.
Carte IGN : 4348 OT

À l'extrémité est de la plage de la Roya, deux possibilités de départs s'offrent à vous : prendre tout de suite le sentier vraiment au bord des derniers parasols des vacanciers ou, en voiture, vous approchez (large chemin carrossable entre de belles résidences) jusqu'à l'anse de Fornali.

Ci-contre : la large embouchure turquoise du Fiume Santo est très prisée des plaisanciers en juillet et août.

Page de droite : l'énorme et haute tour de Mortella meurtrie par les Anglais.

Marche le long du Fiume Santo avant le passage du gué.

Après l'orientation est très facile jusqu'à la tour de Mortella vous longez le littoral et le sentier est parfaitement tracé dans un enchaînement de petits vallonnements. De très loin, on distingue la massive tour génoise avec son intérieur dévoilé sous l'action de la mitraille. Elle est posée sur un socle rocheux.

Notre option facultative est un aller simple pour la plage du Loto (restaurant La Cabane près de la plage 0666017954) avec environ 10 km de marche (sans le retour). De la tour de Mortella, vous suivez le sentier principal plein nord avec une montée courte mais sèche vers le phare de Mortella. De là, le sentier suit simplement le littoral sans piège jusqu'à la plage du Loto.

DE LA PLAGE DU LOTO À LA PLAGE DE SALECCIA

Cette balade familiale permet de relier les deux plus belles plages de la Méditerranée (soyons chauvins). Il faut avouer que la mer est d'une transparence unique. Cet itinéraire est accessible grâce aux bateaux qui relient Saint-Florent au Loto. Mais comme dans tous lieux magnifiques, au cœur de l'été, la surfréquentation guette ces deux bancs de sable étincelant. Il a fallu placer des lignes de bouées jaunes pour repousser au large les petites embarcations à moteur. En intersaison, l'atmosphère est plus calme et il n'y a pas foule sur ce sentier du littoral. C'est le contraste étonnant de la Corse où hors saison estivale c'est le microcosme des marcheurs et des contemplatifs de la nature, et, en juillet et août c'est la foule des baigneurs avec une forte proportion d'Italiens. Cette balade est simple d'accès et très facile d'orientation. Vous pouvez faire un aller-retour par la côte ou une boucle avec le sentier par l'intérieur. Si la chaleur est excessive, rester sur la côte. L'intérieur est écrasant de chaleur.

Départ : à l'ouest de la plage du Loto. Sentier évident au nord pour la version du littoral. Pour le sentier à l'intérieur, prendre la piste à gauche. Panneaux directionnels.
Accès : pour que cette balade reste familiale, il faut arriver en navette maritime du port de Saint-Florent à la plage du Loto. On reprendra le bateau pour le retour. Restaurant bar À Piniccia en arrière de la plage de Saleccia.
Dénivelé : 40 m
Horaire : 2 h à 2 h 30 l'aller et retour du Loto à Saleccia
Distance : aller et retour 7 km
Difficulté : facile. Balade familiale, mais gare à la chaleur surtout en absence de la moindre brise. Eau et boissons aux deux bars restaurants non loin des deux plages.
Carte IGN : 4348 OT

Ci-dessus : les bovins ont dormi sur la plage de Saleccia.

Ci-contre : plongée vers la plage du Loto dans l'après-midi. En toile de fond, les hauteurs du cap Corse.

De l'extrémité occidentale de la plage du Loto (400 m de longueur), montez de quelques mètres vers la piste. Le sentier démarre tout de suite au nord en direction de l'embarcadère (navettes pour Saint-Florent) et de l'excellent restaurant La Cabane du Loto à l'aspect rustique. Rapidement, au nord, vous abordez une petite crique (hier utilisée par des pêcheurs) et normalement vous êtes seuls au monde. Le parcours est toujours très proche de l'eau.

Sieste sur un gros pin maritime déraciné sur la plage de Saleccia.

L'arrière-plage de Saleccia avec le sentier qui mène à la plage du Loto.

La plage de Saleccia (1200 m de long) possède de l'ombre avec de grands pins maritimes. Quelques-uns sont couchés sur le sol car l'enracinement est aléatoire dans le sable. Le retour est un peu plus rapide par l'intérieur mais de nombreuses pistes entrecroisent. Il faut être vigilant, et bien suivre les panneaux et les bornes au sol.

LA TRAVERSÉE DES AGRIATES, DE SAINT-FLORENT AU SITE DE L'OSTRICONI

Itinéraire majeur sur le littoral de la Haute Corse, ce parcours ne présente aucune difficulté si ce n'est la gestion de l'eau et de la chaleur. Le choix de la période est crucial. Être en forme avec un matériel éprouvé est capital. Dès que l'on s'engage il faut aller au bout... La seule échappatoire est la navette maritime à la plage du Loto. Pour un bon repos du corps et de l'esprit, une toile de tente est la bienvenue contre les moustiques. Cela vous permet aussi un certain isolement de sacs avec les denrées car les cochons et les sangliers font des rondes nocturnes. Ainsi vous pouvez vous arrêter où vous voulez. En revanche, les deux points d'eau sont presque incontournables: le camping U Paradisiu et la source côté ouest de la plage (ou les abris en pierres sèches aménagés) de Ghignu. Attention dès la fin du printemps elle peut se tarir. Les trois composantes des paysages de ce périple sauvage sont le maquis odorant, la mer turquoise et le sable.

Départ: de l'est de la plage de la Roya.
Accès: au fond du golfe de Saint-Florent, on accède à la plage de la Roya en voiture ou à pied grâce à une passerelle qui traverse la partie sud du port de plaisance
Horaire: J1 : 5 h – J2 : 3 h – J3 : 6 h
Dénivelé: 300 m
Distance: environ 35 km
Balisage: sentier des douaniers, des cairns, des panneaux directionnels et des bornes
Difficulté: engagé compte tenu de l'éloignement et de l'éventuelle chaleur. Long parcours avec marche sur sentier de terre et sur le sable. Aucun problème d'orientation. Terrain d'aventure avec gestion de la chaleur, de l'eau, prévoir beaucoup d'eau pour les jours 2 et 3, et des vivres.
Bus entre Ostriconi et Saint-Florent: Santini Autocars au 04 95 37 02 98 et www.autocarssantini.fr
Matériel: une tente légère pour être indépendant et équilibrer les trois jours en temps de marche.
Cartes IGN: 4249 OT et 4348 OT

JOUR 1

Ce parcours se confond avec les deux itinéraires précédents. Ainsi de la tour de Mortella, vous montez vers le phare éponyme. Dans ce secteur on trouve plusieurs sentes mais toutes longent le littoral. Vers la pointe Cavallata le végétal s'absente. Le sentier est évident, bien tracé. La crique suivante porte le même nom. Elle est calme. Il n'en est pas de même certains jours sur la plage du Loto. Une heure de marche plus tard c'est la pause pour la nuit à Saleccia. Le camping (restaurant et petite épicerie: 04 95 37 32 51) est à 5 minutes à pied à l'intérieur des terres.

Près d'un habitat traditionnel de bergers dans les Agriates à Saleccia.

Borne de pierre au départ du sentier près de Fornali.

JOUR 2

Le deuxième jour sera vraiment marqué pour une grande solitude avec une orientation toujours facile en bordure de Méditerranée. Nuit sur la plage Ghignu près de la source (qui peut être tarie l'été) ou dans les cabanes de bergers appelées paillers (0495591735). Avec votre toile de tente, vous pouvez et devez pousser plus loin cette deuxième journée, au moins à Cala di Malfalcu. Ainsi la troisième étape sera moins longue.

Le phare de Mortella et une navette maritime reliant Saint-Florent à la plage du Loto.

Arrivée à l'Ostriconi avec la passerelle sur l'étang de Foce.

JOUR 3

Au troisième jour. Au départ, le sentier est toujours le long de la côte, sans piège. Entre la plage de l'Acciolu et celle de Vana, le parcours s'éloigne du littoral. On atteint la longue plage de l'Ostriconi que l'on traverse pour et prendre le chemin des plagistes dans le beau végétal luxuriant de l'étang de Foce (passerelle) en direction du camping (restaurant et épicerie). De là, vous prenez le bus pour regagner Saint-Florent, des étoiles plein les yeux. Cette étape est longue. Il faut en grignoter une partie en rallongeant le jour 2. Ce troisième jour est moins ludique que les deux premiers.

Point haut entre Saleccia et Malfalcu.

Lever de soleil sur la pointe de Spano et sa tour génoise.

SECTEUR

LA BALAGNE

Après les étendues sauvages et isolées du cap Corse et des Agriates, la Balagne offre un visage plus léger avec une dense activité touristique et ludique. Les stations balnéaires les plus réputées sont l'Île Rousse et Calvi. Pendant une courte période, l'Île Rousse (les rochers des îles de la Pietra sont de couleur rousse) fut le fief de Pascal Paoli (milieu du XVIIIe siècle) qui voulait créer une vraie nation Corse démocratique. En revanche, Calvi restera toujours fidèle à la protection génoise grâce à sa puissante citadelle. L'extérieur et l'intérieur livrent d'incroyables méandres et volumes défensifs. Ces agglomérations sont des espaces de bien-être et de déambulation le nez au vent, tout comme Lumio et Algajola pour citer deux autres villages de plus petites tailles. Le succès du lieu vient aussi et surtout des longues plages de sable fin blanc et écru. Ici, la Méditerranée est cristalline presque avec une pointe d'insolence. L'arrière-pays regorge de petits villages souvent perchés sur des éperons rocheux. Avec l'apparition des circuits d'approvisionnements courts l'agriculture reprend vie. Les marchés et les restaurants proposent cette production locale de légumes, fruits et viandes. Au lointain, dans les terres, se dessinent les hauts sommets avec notamment le Monte Cinto. De ce sommet à 2706 mètres d'altitude, on aperçoit d'ailleurs Calvi. Pour le marcheur épris de grands espaces, la Balagne est moins propice aux grandes envolées solitaires. Au sud-ouest de la Balagne, le village de Galéria offre un promontoire sauvage, le Capu Tondu. Un point haut presque à la frontière de la Balagne au nord et de l'exceptionnel golfe de porto au sud.

LUMIO – LA BOUCLE D'ARINELLA ET DE LA POINTE DE SPANO

Sur le flanc est de la vaste baie de Calvi, Lumio est un village perché paisible où l'on peut entendre un célèbre guitariste enchanter l'atmosphère. Thomas Dutronc a élu domicile ici haut, de même que Laetitia Casta, dont Lumio est son village natal. Quelques falaises au-dessus du village sont le terrain d'entraînement de la Légion Étrangère basée non loin.

Côté mer, un discret sentier au départ de la plage d'Arinella nous permet de faire un bel aller et retour (ou une boucle) à la pointe Spano (Spanu) avec au programme : de petites criques désertes, deux tours génoises et d'étranges rochers. Il y eut un terrain de golf sur cet espace désertique. À noter à la plage d'Arinella, un excellent restaurant (le Matahari 04 95 60 78 47).

Au nord de Lumio, une balade incontournable et insolite (boucle de 2 h 30 avec 320 m de dénivelé) permet aussi d'aller visiter le village abandonné d'Occi (ou Oci) pour plonger dans l'environnement d'autrefois où seule la terre rude était nourricière. Quelques ruines, une aire de battage et une église rénovée (en partie par les dons de Laetitia) siègent sur ce promontoire à 377 m au-dessus de la baie de Calvi. Ce site était habité au XVe siècle par les autochtones (environ 150 âmes) qui fuyaient les raids des Barbaresques. Le dernier habitant y mourut en 1918.

Départ : du parking de la plage d'Arinella accessible en voiture, et en train (arrêt proche).
Accès : le village de Lumio est en bordure amont de la route T 30 qui longe le littoral de La Balagne, à l'Est de la vaste baie de Calvi.
Dénivelé : 210 m
Horaire : 2 h 30 à 3 h
Distance : 9 km pour la boucle.
Difficulté : facile si l'on se cantonne au littoral. L'orientation sur la boucle est un peu délicate d'orientation. Vous pouvez aussi revenir sur vos pas pour le retour.
Carte IGN : 4149 OT

POINTE DE SPANU

Il faut ouvrir l'œil en Corse, de la route T 30 une discrète bifurcation descend vers la mer à 500 m au sud de Lumio. Sur la fin, la petite route qui descend vers Malacucina et Ondari devient une piste. On traverse la voie ferrée et on arrive au parking ombragé de la plage d'Arinella avec son sable jaune. Au nord se dessine un sentier. L'orientation est facile puisque la rare végétation est très basse. Les vents d'ouest collent le végétal au sol. La première pointe qui file dans ce secteur de la baie de Calvi accueille la tour carrée ruinée de Caldanu. Ces tours carrés sont rares sur l'île. Après, se succèdent de petites criques de sable fin

De la pointe de Spano, on aperçoit Calvi à gauche et la longue pointe de la Revellata au centre de l'image.

Granit solitaire et tour génoise à la pointe de Spano (ou Spanu) à l'est de la baie de Calvi.

encadrées de grands boucliers et de granit jaune et gris. Quelques rochers osent des formes plus audacieuses. À l'opposé de la baie, on distingue au loin la puissante citadelle de Calvi. La merveille fortifiée du nord de la Corse. Marchez vers l'est (vers San'Ambroggio) le long de la côte pendant 1 km puis prenez plein sud pour une petite route et une piste qui vous ramènent à la plage d'Arinella. Mais ce parcours dans l'intérieur est assez tortueux. Le retour par le littoral est plus pragmatique.

Le village abandonné d'Occi avec son église rénovée sur fond de Méditerranée.

BALADE AU VILLAGE D'OCCI

Plusieurs petits parkings dans le bas du village d'Occi. Se diriger vers l'hôtel 4 étoiles A Casa di Mà. Le sentier le plus parcouru démarre près de l'hôtel vers le nord (panneau directionnel). La montée est constante, mais non excessive. Après 30 à 45 minutes, on arrive à Occi. De là, on peut continuer vers la chapelle Notre-Dame de la Stella. Cela permet de réaliser une boucle avec une arrivée dans Lumio par les hauteurs. On peut partir de Lumio et réaliser cette boucle en sens inverse, mais se garer près du village est délicat certains jours. Comptez 6 km, 320 m de dénivelé et 2 h à 2 h 30 pour la boucle.

Ci-dessus : de la pointe de Spano se dessine au lointain la citadelle de Calvi.

Ci-contre : balade en fin de journée près du village d'Occi.

T 30
Marine
de Sant'Ambrogio
Tour génoise
Puntan Spano
N
S
0
1 km
Île de Spano
Baie Algajo
Punta
Carchincu
D 71
T 30
Occi
Punta
Caldanu
Tour génoise
Arinella
Ondari
Malacucina
Lumio
N.-D.
de la Stella

CALVI, LA POINTE DE LA REVELLATA

Calvi est l'une des plus belles stations balnéaires de la Balagne grâce à sa longue plage en arc de cercle et à sa fabuleuse citadelle. À l'abri de ces puissants murs, la devise des habitants est *Semper Fidelis*. Oui, les autochtones seront toujours fidèles à l'occupant génois. Au fil des décennies, l'urbanisme s'est étiré. Le village est devenu ville mais les quais du port et la zone piétonne sont toujours des lieux de promenades. Pour les marcheurs plus sportifs la pointe de la Revellata est un vaste espace naturel à deux pas à l'ouest de la citadelle. À l'extrémité de cette longue pointe sauvage fut édifié un précieux phare (1844) pour les navigateurs. Le lieu est presque totalement vierge de haute végétation. Ainsi la chaleur peut être votre principal ennemi. À l'entrée de cette longue pointe, la belle plage de l'Alga avec ses eaux turquoise offre une baignade à l'atmosphère des îles tropicales.

Départ : des dernières maisons de Calvi sur le littoral nord (discret sentier près de la côte) ou du parking qui surplombe la plage de l'Alga et la pointe de la Revellata. De là, vous visualisez très bien votre terrain d'émerveillement et d'action.
Accès : au nord-ouest de Calvi, prendre la route D 818 vers Galéria. Rapidement on aperçoit une route raide qui monte vers Notre-Dame de la Serra. Ne pas s'y engager, tournez à droite, virage en angle droit. Votre parking est là, immanquable. Une large ouverture dans le parapet laisse apparaître une piste chaotique qui descend en pente forte. C'est le départ de votre marche.
Dénivelé : 270 m
Horaire : 3 h 30 à 4 h
Distance : 10 km
Balisage : panneaux directionnels et repères bleus par intermittence.
Difficulté : moyenne étant donné la longueur du parcours et le manque d'ombre. Il faut partir tôt ou en fin d'après-midi, car en l'absence de vent la chaleur est forte. Aucun point d'eau.
Carte IGN : 4149 OT

Ci-dessus : panneau indicateur au départ de la randonnée.

Ci-contre : début de la randonnée par le sentier en bord de mer.

Avec sa piste carrossable et son sentier le long du littoral, on peut réaliser une belle boucle à l'extrême nord-ouest de la Corse. Du parking, descendre par la piste raide et chaotique. Sur le plat, prendre à droite, ainsi vous arrivez à la plage d'Alga bien visible. Sur le parking en terre battue, le sentier est sur la gauche. Il se partage avec les rois du VTT,

Au départ de Calvi, un sentier permet de raccorder la plage de l'Alga et la Revellata.

La plage de l'Alga et le départ du sentier visible sur la gauche de l'image.

s'ils sont doués car les passages techniques s'additionnent. Le tracé le long du littoral monte et descend sur une série de vallonnements. On rencontre de nombreuses sentes mais il suffit de prendre celle qui est le plus près possible du rivage. À l'approche du Centre de recherches sous-marines et océanographiques, le sentier prend de la hauteur pour grimper vers le phare. Celui-ci est noir et blanc avec de beaux volets bleus. Il est dans une enceinte (avec de petits murs) le plus souvent fermé. Le retour est plus direct donc plus rapide en marchant sur la piste en partie centrale de la presqu'île. Quelques panneaux de direction au départ et de temps en temps un balisage bleu nous guident. Mais au fil des pas l'itinéraire se découvre et l'absence de haute végétation facilite l'orientation.

Le phare de la Revellata illumine la pointe nord-ouest de la Corse.

GALÉRIA, LE CAPU TONDU

Galéria et la vallée du Fango étaient très fréquentés autrefois lorsque la Corse vivait principalement de l'agriculture et de l'élevage. L'hiver, tous les habitants de la vallée du Niolo venaient se réfugier dans cette poche au climat doux. Familles et bétails opéraient une longue transhumance par des cols élevés. Aujourd'hui encore, la Balagne et ses stations balnéaires très animées semblent lointaines de Galéria la paisible. Ici, on est à la porte de la Réserve naturelle de la Scandola avec son rapace emblématique, le balbuzard pêcheur. Le Fango est une rivière de 22 kilomètres qui descend des hauteurs. Elle prend sa source vers le Tafunatu, sommet inédit avec son arche vertigineuse à 2335 mètres. Le rocher est rouge et d'origine volcanique. Le Fango livre de nombreuses piscines naturelles et de fabuleuses formes d'érosion comme le lieu-dit Le Pied de l'Éléphant. Cette rivière se jette dans la mer au nord de Galéria. Un long sentier longe la rivière et il permet d'atteindre la vallée du Niolo par le col (Bocca) très escarpé de Capronale à 1330 m d'altitude.
Proche du littoral, le Capu Tondu (839 m) est la référence incontournable du golfe de Galéria, le belvédère d'où se dessine tout le littoral. Comme son nom l'indique, ce sommet est dégarni donc minéral. C'est le refuge des farouches chèvres qui viennent chercher fraîcheur et quiétude.

Départ : de la rue appelée Croce Coletta juste au sud de la Villa Scandola, prendre la piste qui file dans le maquis plein sud. On peut se garer au centre village dans le grand parking.
Accès : sur la route D 81 entre Calvi et Porto, en rive gauche du Fango, dans un virage à angle droit, prendre la D 351 qui file vers le littoral et le village de Galéria.
Dénivelé : 783 m
Horaire : 3 h 30 à 4 h
Distance : 7 km l'aller et retour
Difficulté : difficulté moyenne. Sur la carte IGN, le tracé est parfaitement visible en pointillé noir avec quelques cairns au départ. Mais il faut ouvrir l'œil. Les animaux et les chasseurs ont créé quelques pièges niveau orientation. Prendre le même sentier au retour pour éviter toute mauvaise surprise.
Carte IGN : 4150 OT

Le lieu-dit le Pied de l'Eléphant, le long de la rivière le Fango.

À tort, ce sommet est peu parcouru. Pourtant le départ est juste au sud du village. Dès que vous quittez Galéria (altitude 34 m), vous prenez de l'altitude avec un sentier facile ponctué de passages plus toniques sur la fin. Avec sa fière silhouette, le Capu Tondu est immanquable. C'est l'excroissance majeure et minérale de ce territoire. Du sommet, la vue à 360 degrés est remarquable. À l'ouest, se dessinent toutes les hauteurs rouges et ocre de la Réserve naturelle

Girolata dans les années 1990 vu des hauteurs de Galéria.

Ci-dessus : le littoral nord vu de Galéria.

Ci-dessous : la côte ouest est très proche des hauts sommets comme l'esthétique Paglia Orba.

Des sommets de Galéria, les reliefs de la Réserve naturelle de la Scandola sont parfaitement définissables.

de la Scandola. Au sud-ouest, on aperçoit une petite partie du golfe de Girolata. Au nord-est, apparaît le long sillon du Fango. Au nord, les tons clairs des deux plages de Galéria contrastent avec le vert omniprésent du maquis. Plein est, au lointain, on reconnaît le beau profil de la Paglia Orba à 2525 mètres d'altitude.

Option

Les amateurs des étonnantes formes de rochers érodés et de baignades dans des vasques claires ne manqueront pas un crochet vers le Fango et le Ponte Vecchio.

Le Fango et ses vasques d'eau fraîche au niveau du Ponte Vecchio.

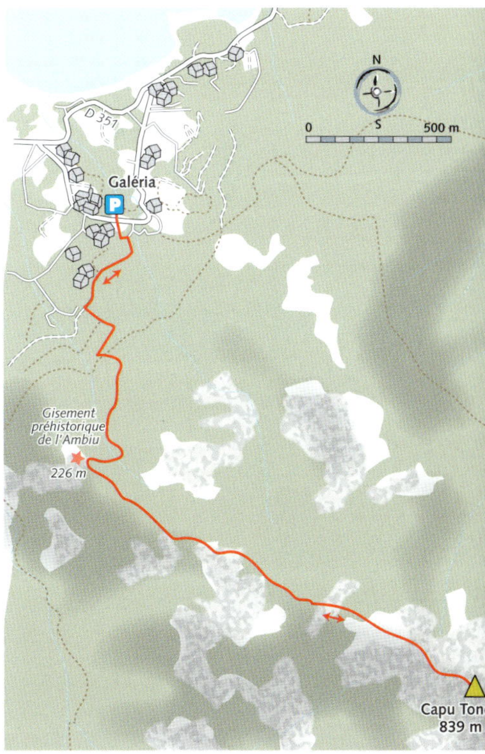

SECTEUR

L'OUEST CORSE

Entre la Balagne et le golfe d'Ajaccio, ce territoire dépasse l'entendement avec une myriade de sites d'exception. Il faut des années pour en découvrir tous les détails et les subtilités. Le maître des lieux est évidemment le golfe de Porto, classé au patrimoine mondial de l'humanité. Au nord de ce site, le hameau de Girolata est toujours et seulement accessible à pied ou par la mer. Une certaine sagesse règne pour éviter tout aménagement routier. Le fortin vient d'être rénové. La randonnée n'en est que plus envoûtante.

Plus à l'ouest, face au large, la pointe de la Scandola (aucun sentier de randonnée) avec ses orgues basaltiques abrite encore quelques couples de balbuzards pêcheurs. Nous vous proposons deux itinéraires très peu fréquentés. L'un permet d'admirer d'étranges formes de minéral, la grotte de Senino, l'autre parcours surplombe l'arche de Portellu, curiosité géologique quasi invisible de la route.

Sur le flanc sud du golfe de Porto, dans les Calanche de Piana, les itinéraires sont multiples (courts ou longs) pour admirer la folie du minéral avec un dédale de formes humaines ou animales. Au fil des heures le rocher change de couleur. Tout bonnement, de la route qui traverse

Coucher de soleil sur la tour carrée de la marine de Porto.

les Calanche, on voit un trou dans le minéral en forme de cœur avec le soleil qui se couche juste derrière. Les amoureux romantiques seront comblés. Au sud-est de Piana, la montée au sommet du Capo Rosso offre un final escarpé avec une tour plantée dans un pur milieu minéral. On peut aussi compléter cette visite par la mer et les bateaux de promenade au départ de la marine de Porto, agréable lieu de villégiature. On finira ce chapitre un peu plus au sud près de Cargèse par une randonnée tout aussi insolite à la presqu'île et la tour d'Omigna. Le départ est dans le maquis puis la végétation s'absente. Sur la hauteur de l'ultime colline encore et toujours une tour génoise. Instant de solitude pour nous, randonneurs, et aussi pour ces ex-gardiens de tours dans un univers où le temps avait une tout autre dimension.

DU COL DE LA CROIX À GIROLATA

Au nord du golfe de Porto, il existe un lieu unique, un hameau perdu dans un océan de végétal au bord d'une mer turquoise. Quelques maisons, une paire de quais pour accoster et un surprenant fortin définissent Girolata, la perle de la Corse. Ici, il n'y a pas de route. On arrive à Girolata en bateau ou à pied. Cette dernière option est la plus émouvante avec en fin de randonnée une vision plongeante sur le hameau et son fortin totalement reconstruit à l'identique après de denses recherches historiques. La silhouette de ce fortin génois est bien plus sophistiquée que les tours classiques. L'édifice comporte une chapelle dédiée à saint Georges, patron de Gênes, et des canons retrouvés dans le maquis alentour ont été repositionnés. Les grands parents de Tommy, chef cuisinier à l'excellent restaurant Le Bel Espoir, habitaient dans une partie de cette place fortifiée. *Le Bel Espoir* était le nom du premier bateau à faire des navettes avec Calvi pour le ravitaillement et les matériaux de construction.
Vers 10 heures du matin c'est l'arrivée des petits bateaux touristiques qui déversent la foule. La protection naturelle du petit golfe de Girolata est connue depuis des générations de navigateurs. En cas de Mistral, c'est l'un des très rares abris (hors port) de cette partie du littoral. L'été, les plaisanciers sont nombreux dans ce petit havre de paix.

I Départ : de la Bocca a Croce ou col de la Croix (D 81), sur la partie nord du golfe de Porto. Parking et buvette.
I Accès : à 20 km au nord de Porto sur la D 81 qui file au nord vers Calvi.
I Dénivelé : 600 m
I Horaire : 3 h 30 à 4 h 30 aller-retour
I Distance : 12 km
I Balisage : balisage orange
I Difficulté : moyenne. Incontournable classique de niveau moyen vu l'exposition permanente au soleil. Le sentier est parfaitement tracé avec des panneaux directionnels à chaque croisement. Emporter de l'eau mais ravitaillement possible à Girolata.
I Carte IGN : 4150 OT

Épicerie de charme à Girolata.

Cette randonnée est presque une obligation. Elle démarre à la Bocca a Croce (col de la Croix) au-dessus du village d'Osani. Il faut être matinal pour éviter la foule et le soleil. Partir tôt permet aussi de profiter de ces instants de quiétude que réserve le réveil de la nature. Au départ, le sentier

L'exceptionnel fortin de Girolata renové.

La Cala di Tuara entre la Bocca a Croce et Girolata.

est en descente et rapidement (à 800 m) on arrive à la fontaine de Spana souvent à sec dès l'été. Après deux kilomètres à l'ombre du végétal apparaît la plage de Tuara que l'on traverse. De là deux options, le sentier de l'intérieur ou celui de la côte, un peu plus escarpé, appelé Sentier du Facteur en souvenir de Guy Ceccaldi qui livrait quotidiennement le courrier et les colis avec son âne Tchou Tchou. Au lieu des 1h30 à l'aller, il mettait 45 minutes. Cette version le long de la côte est plus ludique. Elle peut se faire à l'aller comme au retour. À Girolata, on se doit de visiter le fortin rénové, on peut se baigner et déjeuner au restaurant (tous les prix et épicerie).
Retour l'après-midi en plein soleil.

Le sentier du facteur et l'arrivée à Girolata avant la rénovation du fortin.

D'OSANI À LA GROTTE DE SENINO

Au nord-ouest du golfe de Porto, la commune d'Osani comprend plusieurs hameaux dont celui de Girolata qui attire toute la lumière. Osani est un petit village paisible sous le col de la Croix. Le site était fréquenté de manière saisonnière par des bergers qui se sédentarisèrent. Une mine de charbon fut exploitée avec des départs de la production depuis la plage de Gradelle. Cette proposition, la grotte de Senino (aussi appelée grotte de Grotone), très peu fréquentée, est connue des accompagnateurs en moyenne montagne locaux qui amènent leurs clients ici depuis des décennies. Sur l'actuelle carte IGN, on voit maintenant le tracé de ce parcours en pointillé rouge qui respecte presque les courbes de niveaux. Ce sentier bien entretenu ne présente aucune difficulté d'orientation. Il est presque en ligne droite. Le principal ennemi est toujours et encore la chaleur le matin. En sus, il y a rarement du vent vu la puissante barrière minérale rouge au-dessus de vous. Pour un ordre d'idée l'après-midi en début juillet le soleil disparaît vers 17 h 30 derrière le Monte Senino.

I Départ : des dernières maisons d'Osani (D 424) en direction du camping et de la plage de Gradelle. Panneau directionnel jaune au bord de la route.
I Accès : au nord du golfe de Porto, Osani est le village juste en contrebas du col de la Croix point de départ de la randonnée pour Girolata sur la D 81.
I Dénivelé : 200 m
I Horaire : 2 h 30 aller-retour
I Distance : 7 km
I Balisage : jaune
I Difficulté : moyenne à facile (en fonction de la chaleur ambiante). Randonnée originale pour son final avec un sentier à majorité en terre. En fin d'après-midi, grandes zones d'ombre. Aucun point d'eau.
I Carte IGN : 4347 OT

Stationner à la sortie du village d'Osani en direction de Gradelle : une place de parking près de la maison à la tour chapeautée. Plus de places légèrement plus bas.
Prendre une piste (panneau directionnel et marquage jaune) qui monte et suivre le sentier en direction sud-ouest à flanc. Succession de vallonnements avec de courtes descentes et de courtes montées. Au croisement, on laissera à gauche le sentier vers la plage de Gradelle. En fin de parcours, la descente est légèrement plus prononcée sous une dense forêt de chênes verts. Juste au pied du Monte Senino, on arrive à une étrange grotte formée par l'effondrement d'une partie de la falaise. De partout cette masse rocheuse

Ci-contre : l'église Saint-François du calme village d'Osani.

Page de droite, en haut : le rocher est rouge au-dessus de la grotte de Senino.

En bas : la grotte de Senino est une étrange et énorme voûte aux multiples ouvertures.

Sous la grotte, au niveau de la mer, le rocher affiche une vive couleur orange.

est ajourée avec des volumes étranges comme beaucoup de rochers dans l'île. On imagine les pattes d'un énorme dinosaure posées sur le sol. Ce lieu aurait été habité (vestiges de murets). La partie occidentale des ouvertures dans le minéral débouche sur les pans verticaux du Monte Senino et de la Punta a Scopa avec un rocher orange et rouge. Un sentier raide permet d'atteindre le niveau de la mer et une aire de battage.

Variante

Il est possible d'accéder à la grotte de Senino en partant du parking de la plage de Gradelle. Randonnée plus longue, comptez environ 4 heures, pour 540 m+ de dénivelé cumulé et 9 km aller-retour.

14

DE LA PLAGE DE BUSSAGLIA À LA PLAGE DE CASPIU, VIA L'ARCHE DE PORTELLU

Les sentiers d'hier et d'aujourd'hui sont nombreux dans le golfe de Porto. Une somme de petites sentes est en réhabilitation entre Ota (et la marine de Porto) et Girolata. Ils composent avec la route du littoral et ils font escale sur des plages peu fréquentées. Avec cette proposition peu connue, vous pouvez admirer d'une crête l'arche de Portellu, 170 mètres en contrebas. Celle-ci, massive, est de couleur brune avec les pieds dans l'eau. C'est un but idéal pour tous ceux qui viennent par la mer. De la route, elle est presque invisible sur les bords d'une crique secrète. Cette curiosité géologique est omniprésente dans l'imagerie (livres, cartes postales, sets de table) de l'Ouest Corse surtout grâce à des photographes locaux connaisseurs des lieux. Plein sud, au début de cette balade, on peut voir au loin la tour de Porto et les majestueux pics (E Tre Signore et le Capu d'Orto) qui veillent inlassablement sur ce littoral fortement découpé. En fonction de la période (chaleur) et de vos désirs, vous pouvez composer votre propre parcours.

Départ : plage de Bussaglia, le sentier démarre sur le flanc nord-ouest de la grève.
Accès : la plage de Bussaglia est au bout d'une grande dépression (ruisseau de Santa Maria) au nord de la marine de Porto le long de la route D 81. Cette petite route D 724 prend naissance non loin du hameau Traghino sur la commune de Serriera et descend jusqu'à la mer. Il faut se garer dans le vaste parking en terre battue de la plage de Bussaglia (deux restaurants face à la mer).
Dénivelé : 300 m
Horaire : 2 h 30 aller entre les deux plages
Distance : 6 km pour l'aller simple
Balisage : balisage jaune et panneaux directionnels
Difficulté : facile pour un aller simple, moyenne si aller et retour. Sentier peu référencé sur les guides et même sur internet. Ce tracé récent est présent sur la carte IGN de 2023. Une variante de 2 km en sus permet de poursuivre après Caspiu), toujours le long du littoral, jusqu'à Gradelle (camping avec son restaurant et son épicerie). Bar et eau dans les paillotes à chaque plage mi-juin à mi-septembre.
Carte IGN : 4150 OT

Le sentier débute en arrière-plan de la plage. La montée est douce mais en plein soleil (face sud) sauf si vous êtes matinal. En vous retournant, vous visualisez les majestueuses aiguilles du golfe de Porto et la tour génoise carrée de Porto (exposition permanente). Au sommet de cette première montée, vous êtes sur une crête non loin de la Bocca Pagliaghia (à 5 minutes à pied en amont sur la route D 81). En contrebas, on aperçoit près d'un petit cap la fameuse arche de Portellu. Ce raccordement avec le réseau routier (Bocca Pagliaghia) peut être une fin en soi avec un dénivelé

En descendant vers Bussaglia, on voit parfaitement les sommets e Tre Signore et le Capu d'Orto au-dessus de la marine de Porto.

La plage de Bussaglia déserte au printemps avant l'arrivée des baigneurs.

L'incroyable couleur de l'arche di u Portellu vu du sentier près de la Bocca Pagliaghia.

de 189 m à la montée (vous venez de réaliser un quart du parcours). À votre gauche, de cette crête, un sentier retracé récemment mène à la plage de Caspiu (paillote sur la plage 0626315884). Au nord-est se dessine la très longue côte du golfe de Porto avec son rocheux rouge et oranger. Cinq heures de marche sont nécessaires pour effectuer l'aller et retour, mais un mouvement de voiture peut limiter cette marche en surplomb de la mer. À plusieurs, un taxi vous permettra d'échanger vos impressions avec un local connaisseur de cet exceptionnel patrimoine naturel.

DE LA PLAGE DE PORTO AU PORT DE CASTAGNA

Porto est une charmante marine (petit port) et une station balnéaire très agréable au fond du golfe avec ses terrains de camping, ses hôtels et ses bons restaurants. Au-dessus du site trône une massive tour carrée avec son exposition permanente sur la vie quotidienne au temps des Génois. Une longue plage de galets et de graviers attire les foules. À l'extrémité sud de cette plage (au pied de l'école d'escalade) démarre un discret sentier consolidé pour contenir l'érosion marine. Vous êtes au ras de l'eau et des embruns. Le parcours est très facile, plat et surtout ombragé. En cette face nord, la végétation est luxuriante avec des mousses. Soit un fort contraste avec les itinéraires dans les Calanche, non loin. L'arrivée est à l'étrange port de Castagna qui n'est plus qu'un grand quai de béton désert. Pourtant, au début du XXe siècle l'activité était dense en ce lieu. On exploitait le bois des forêts d'Aitone et surtout le granit environnant. De 1925 à 1958, la Société des Roches Cristallines chargeait de gros blocs de minéral pour la France, l'Italie et l'Algérie. Certaines parties de la cathédrale de la Major à Marseille sont en granit de Porto. Un étonnant système de poulies et de levage permettait de charger les bateaux de petits tonnages à quai. Dans les belles expositions photos de l'office de tourisme à Porto, on peut voir parfois quelques photos de cette épopée.

Départ : au sud de la plage de Porto, rasez la falaise d'escalade en direction de la mer. Panneau directionnel : Castagna.
Accès : on peut atteindre la plage de Porto depuis le centre de la marine en empruntant la passerelle au-dessus du cours d'eau ou depuis le parking rive gauche par la route D 80 (direction Piana). Ce terrain en arrière de la plage accueille une grande forêt d'eucalyptus.
Dénivelé : 30 m
Horaire : 1 h aller et retour
Distance : 7 km
Balisage : jaune
Difficulté : facile. Balade familiale sans prétention sportive dans une étonnante forêt humide qui tranche avec le maquis sec non loin.
Carte IGN : 4150 OT

Balade familiale même si les enfants risquent d'être déçus par le final avec un quai vide. Toutes les installations ont été démontées. Les jours de tempête, cette balade est impossible. Les vagues heurtent violemment les premières voies d'escalade et le départ du sentier dans cette partie du rivage. On note une seule difficulté sur ce parcours avec un petit raidillon de 3 mètres près d'un ruisseau. L'orientation est un jeu d'enfant puisque vous êtes en permanence le long du littoral avec un très léger dénivelé. Du quai de Castagna, sans aucun aménagement, on aperçoit parfaitement la tour génoise de Porto et une partie de la marine. Le retour s'opère sur le même sentier.

Ci-dessus : panneau directionnel sur la falaise au sud de la plage de Porto.

Ci-contre : du port de Castagna, on aperçoit parfaitement la tour carrée de la marine de Porto et sa plage.

Ci-dessus: cet itinéraire en face nord est très humide, en opposition avec le maquis sec de ce vaste golfe.

En haut: le granit gris au départ du sentier pour le port de Castagna.

CALANCHE DE PIANA, DE LA TÊTE DU CHIEN AU CHÂTEAU FORT

Le catalogue des lieux insolites est illimité en Corse. Nous sommes toujours dans le majestueux golfe de Porto, dans sa partie sud. Une énorme épaule rocheuse de couleurs rouge, rose, jaune et oranger forme les Calanche de Piana. Ici, la couleur du rocher change au fil des heures. Dans cet enchevêtrement de formes étranges, la balade la plus facile, la plus rapide d'accès et la plus sublime part du lieu-dit la Tête du Chien et mène à un belvédère naturel au-dessus du Château Fort au-dessus de la Méditerranée. Au lointain, au nord, la pointe de la Scandola se profile, où aucun sentier n'est tracé pour respecter la nature originelle. Le lieu-dit le Château Fort s'aperçoit en contrebas du belvédère. Il est composé de deux excroissances rocheuses avec une énorme table rocheuse reliant ces deux pointes. Ce monument de minéral est orienté d'est en ouest donc invisible depuis le belvédère. Si vous naviguez dans le golfe vous pouvez visualiser cette formation insolite très haut perchée. Des voies d'escalade sur ces éperons ont été déséquipées.

Départ : sur la route D 81, se garer à la Tête du Chien (panneau routier).
Accès : la Tête du Chien est sur cette fameuse route D 81 qui traverse les Calanche entre Porto et Piana.
Dénivelé : 80 m
Horaire : 1 h aller et retour
Distance : 3 km aller et retour
Balisage : repères jaunes
Difficulté : facile. Balade familiale avec à l'aller une légère descente constante, mais quelques courts passages escarpés avec de grosses pierres, de hautes marches et des espaces ravinés. Vous êtes sur un typique sentier corse, aux antipodes d'un chemin de campagne dans la Beauce. La pose des mains est nécessaire. Beaucoup de monde en milieu de journée. Aucun point d'eau.
Carte IGN : 4150 OT

Ci-dessus : la célèbre Tête du Chien au départ de cette balade de toute beauté.

Ci-contre : au final, on surplombe tout le golfe de Porto depuis un bouclier de granit érodé.

Sur la route D 81 dans la partie nord des Calanche de Piana, se garer dans une épingle à cheveux au lieu-dit la Tête du Chien. Immanquable, le rocher représentant cet animal trône au-dessus du parking. Un panneau vous indique le départ du sentier à un mètre du parking. Il est en sous-bois la majeure partie de l'itinéraire et tout est évident vu les traces d'usure. Aucun problème d'orientation. Le sentier est presque en ligne droite, mais avec de courts et raides vallonnements. En 30 minutes vous êtes arrivés au fabuleux belvédère du Château Fort. Par un bel anticyclone, le paysage est dantesque le matin tôt ou en fin d'après-midi lorsque la foule est partie. Tout le golfe de Porto apparaît. Vous êtes sur une grande dalle horizontale de granit parcourue de fissures et ponctuée de petits reliefs arrondis. Le soleil et le minéral se marient avec de grandes zones d'ombre et de lumière. Le paradis sur terre est ici.

Sur ce belvédère naturel, des cairns artistiques naissent malgré les interdits.

CALANCHE DE PIANA, LE SENTIER DES MULETIERS

Juste au-dessus de cette exceptionnelle route D 81 qui traverse les Calanche de Piana, le sentier des muletiers est une courte randonnée qui permet de visualiser de très beaux paysages en contrebas et qui permet également de découvrir les incroyables ouvrages d'antan. Une partie du tracé passe sur des murs en pierres sèches (sans mortier) parfaitement ajustées. Aujourd'hui, ce sentier n'est qu'une parcelle du long itinéraire qui reliait Piana à Ota au début du XIXe siècle. Sous Napoléon III, un secteur du sentier des muletiers disparu. Les mules aussi furent mises au chômage. À partir de 1850, la route prit naissance. L'environnement de cette balade est minéral à souhait avec un granit jaune et orangé. De cette corniche plus que centenaire, au lointain se dessinent d'autres formes au-dessus de la Méditerranée. Avec la balade de la Tête du Chien, cette randonnée un peu plus longue est incontournable, loin de la foule pourtant si proche.

Départ : du stade de foot de Piana (490 m d'altitude) à 1,5 km à l'est du village près du pont de Mezzanu.
Accès : de la D 81, montez une courte rampe en béton pour atteindre le grand parking du stade. Panneau d'informations avec tous les itinéraires sur une grande carte. Le stade et tous les départs de randonnées sont juste à 30 secondes au-dessus du parking. Traverser le stade à pied vers une passerelle. Le sentier des muletiers commence à gauche avec une courte montée raide.
Dénivelé : 100 m
Horaire : boucle de 1 h 30
Distance : 3,5 km
Balisage : marques jaunes sur le rocher
Difficulté : facile. Panneau directionnel à chaque croisement. Gare à la chaleur. Même si l'itinéraire est court, de bonnes chaussures sont obligatoires, car vous êtes sur un sentier corse avec pierres, racines et autres irrégularités. Pas d'eau sur le parcours.
Carte IGN : 4150 OT

Ci-dessus : le Cœur des Amants Pétrifiés vu de la route panoramique D 81 au coucher de soleil.

Page de droite : les murs ancestraux du sentier des Muletiers qui reliait Piana à Ota.

Comme plusieurs autres itinéraires, le départ se réalise à partir du stade de football de Piana. Un grand parking vous accueille (ombre et table de pique-nique). On le traverse et, sur la gauche, après avoir franchi la petite passerelle au-dessus du Dardo, une montée raide vous saisit tout de suite. Panneau directionnel. Gare à la chaleur l'après-midi, vous êtes plein sud. Tôt le matin, le secteur est à l'ombre et les couleurs sont différentes du coup. Immédiatement, on remarque l'incroyable travail réalisé pour bâtir cette partie du sentier en corniche au ras du vide. La montée continue, le sentier se rétrécit et quelques lacets plus raides se

En contrebas de cette balade se dessine une partie des Calanche sur fond de mer.

dessinent. Des marches ont été aménagées. Vous arrivez à un étroit collet. Là, le parcours plonge et la descente est relativement raide avec des lacets sous le dense couvert végétal car orientée nord. De bonnes chaussures sont les bienvenues (comme partout) et l'application est de mise pour le placement des pieds. Cette portion raide débouche carrément sur la route D 81 au niveau d'un petit oratoire dédié à la Vierge Marie. Vous pouvez rentrer par la route (retour plus rapide que l'aller). La circulation est dense parfois, mais les véhicules roulent au pas puisque tout le monde admire le paysage. Ou vous pouvez reprendre le même chemin en sens inverse.

Le sentier des Muletiers a été taillé dans la roche en partie sud du golfe de Porto.

CALANCHE DE PIANA, DE PIANA AU CAPO D'ORTO VIA LA BOCCA DI PIAZZA

Sur la partie sud du golfe de Porto, les Calanche de Piana ont les pieds dans l'eau (d'où de nombreuses balades découvertes en bateaux) et s'étirent jusqu'aux plus hauts sommets du golfe. À mi-chemin, ce massif rocheux très tourmenté est traversé par la route D 81 entre Porto et Piana. Un délice pour le tourisme automobile facile dans une myriade de pics et de blocs de granit aux allures excessives de chaque côté de l'asphalte. Avec cette randonnée tonique vers le Capo d'Orto, vous accédez à un territoire sauvage et unique où seules quelques chèvres solitaires déambulent sur les hauteurs. Dans la partie médiane de cette aventure pédestre, le passage à la Bocca di Piazza est un grand moment avec de gros blocs de granit érodés. C'est un festival de paréidolie où l'on peut imaginer des reptiles, tous types de mammifères et des profils étranges. Le photographe amoureux et curieux des phénomènes de la nature sera aux anges. Il rodera à l'infini dans cet univers à la Dali. D'autres rochers fous sont visibles entre la Bocca di Piazza et la Bocca Larga en empruntant le sentier qui redescend vers les roches Bleues et le stade. Un émerveillement sans pareil.

Départ : du stade de foot de Piana (490 m d'altitude) à 1,5 km à l'est du village près du pont de Mezzanu.
Accès : de la D 81, montez une courte rampe en béton pour atteindre le grand parking. Panneau d'informations avec tous les itinéraires sur une grande carte. Le stade et tous les départs de randonnées sont immédiatement au-dessus du parking. Traverser le stade à pied vers une passerelle. La montée conseillée est face à vous. Sentier Arboretum (panneau info sur le milieu végétal).
Dénivelé : 850 m
Horaire : aller et retour 6 à 7 h
Distance : 13 km
Balisage : panneaux de direction à chaque croisement.
Difficulté : cet itinéraire est le plus long en temps et en dénivelé sur une journée de cet ouvrage. Partir tôt le matin évite les grosses chaleurs. Des bâtons peuvent être les bienvenus. Pas d'eau sur le parcours.
Carte IGN : 4150 OT

Beaucoup de sentiers commencent près du stade de foot de Piana. Pour se rendre au Capo d'Orto (1274 m), vous pouvez commencer la montée par le sentier en pente douce baptisé Arboretum. Il est à l'ombre de grands pins maritimes. Se perdre est impossible vu l'usure. Le sentier est parsemé de grosses pierres. Presque chaque pas doit être réfléchi. Au point 857 de la carte IGN, bifurquer à gauche (marquage orange et vert) pour atteindre la Bocca di Piazza à 911 m (point IGN). À partir du col, il n'y a plus d'ombre. Ce lieu peut être un très bel objectif en soi.

Chèvre dans les méandres des Calanche de Piana au niveau de la Bocca di Piazza.

Cette randonnée permet de découvrir les incroyables formes des rochers des Calanche de Piana.

Juste avant d'atteindre ce col sur la droite est mentionnée la montée vers le Capo d'Orto. A chaque croisement des panneaux indicateurs. Ce sommet est une grosse plaque rocheuse. Du Capo d'Orto, la vue est vertigineuse. Avec des jumelles vous pourrez deviner certains itinéraires du littoral décrits dans cet ouvrage. Pour le retour de la Bocca di Piazza, prendre une vague sente (usure) sur un plateau de granit vers les roches Bleues et le stade de Piana. Quelques cairns. Il passe par la Bocca Larga. À chaque fois que vous croisez une citadelle de granit, vous apercevez des volumes inédits. Au lieu-dit Palani (743 m), une forêt de puissants châtaigniers rappelle que ce fut l'arbre nourricier de la Corse d'antan. Sous ce dense couvert végétal où le terrain est labouré par les sangliers, prendre à gauche (panneau) pour le stade.

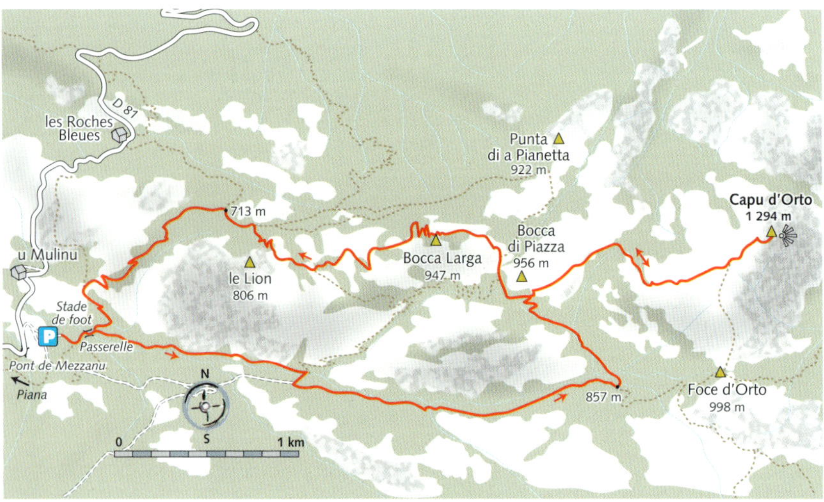

Ci-dessus : les beautés sans fin des Calanche de Piana à la Bocca di Piazza.

Ci-dessous : le granit affiche parfois des couleurs rose ponctuées de lichen vert et bleuté.

19

DU COL D'OSINI AU SOMMET DU CAPO ROSSO

Le sud du golfe de Porto est limité par un long cap au profil de presqu'île. Un massif rocher en forme de triangle est posé sur ce bras de terre. Au sommet de cet édifice naturel, la tour génoise de Turghiu semble minuscule. Pour approcher le Capo Rosso il faut emprunter la route panoramique D 824 qui part du très beau village de Piana pour plonger vers la plage d'Arone (un joyau avec ses excellents restaurants). Ce parcours routier est à l'image de la Corse, grandiose, surdimensionné avec des paysages à l'infini. Au col d'Osini, la route plonge vers la Méditerranée et Arone. C'est légèrement sous ce col (buvette l'été) que commence le sentier pour gravir ce promontoire. Il faut se méfier des apparences. Le parcours commence tout en douceur, la suite est plus délicate. La Corse est une île pleine de surprises. Il faut des années pour en épouser les us et coutumes et s'adapter à tous les terrains.

Départ : col d'Osini sur la D 824, à 7 km de Piana en direction de la plage d'Arone.
Accès : la D 824 commence au cœur du beau village de Piana dans un discret carrefour à deux pas de l'église.
Dénivelé : 500 m
Horaire : 3 à 4 h aller et retour
Distance : 8 km aller et retour
Balisage : cairns
Difficulté : moyenne, mais un peu technique sur la fin. Sur certains sentiers corse, on ne posera pas les pieds à la légère. Il faut visualiser et interpréter avant la bonne décision. Dernière partie plein sud au soleil. Une forme physique certaine est indispensable pour réaliser le retour en toute sérénité. Pas d'eau sur le parcours.
Carte IGN : 4150 OT

Ci-dessus : l'arrivée à la tour de Turghiu au sud du golfe de Porto.

Ci-contre : le sentier avant le raidillon final propre à la Corse des aventures.

Point de vue sur le sud avec un minéral et un maquis omniprésents. Très loin à gauche, le village de Cargèse.

Sous le col, un parking et une buvette. Pour éviter les coups de chaud, être matinal est important.
Le début est facile, tout en longueur, en descente douce (chemin dallé et escalier parfois) avec de l'ombre dans un maquis haut. Arrive un grand plateau herbeux avec une ancienne aire de battage. Au loin, on aperçoit le village de Cargèse. Le végétal s'est absenté. En contrebas, un éperon rocheux sort des eaux. Un virage à droite, plein nord, mène à une courte faille rocheuse couchée où le sentier (technique) serpente. Par endroits, il faut poser les mains. Atmosphère 100 % minérale en face sud. La tour est ouverte et de la terrasse supérieure vous admirez cette côte ouest majestueuse, sans aucun doute le plus singulier et complexe littoral de France.

En contrebas un éperon rocheux sort des eaux.

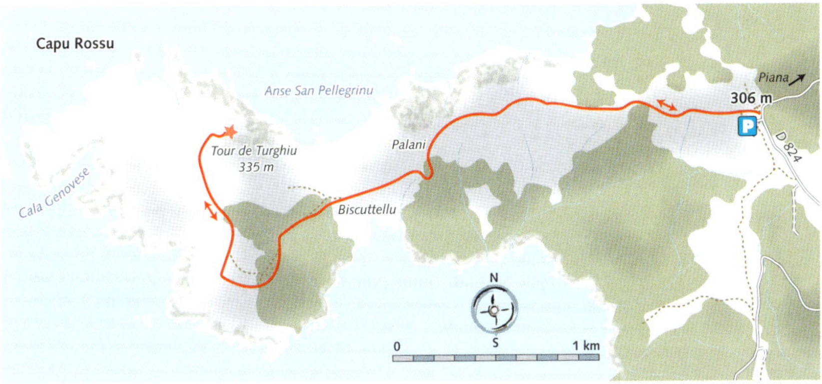

CARGÈSE, DE LA PLAGE DE PERO À LA TOUR D'OMIGNA

Au sud du golfe de Porto, à 100 mètres d'altitude, le village de Cargèse eut une histoire riche. Ce n'est qu'à la fin des années 1980 que fut construit un vrai port. Avant, en cas de coup de tabac, il n'y avait aucune structure d'accueil pour les navigateurs entre Calvi et Ajaccio. D'un belvédère dans le village, on aperçoit parfaitement la silhouette élégante de la presqu'île d'Omigna avec sa tour solitaire, construite au XVIe siècle. Elle servit de refuge en avril 1731 à une centaine de Grecs poursuivis par des Corses hostiles. Les Grecs réussirent à rejoindre Ajaccio où des compatriotes les accueillirent. Tous avaient fui le Péloponnèse pour échapper aux vicissitudes de l'empire ottoman. Plus tard ils revinrent à Cargèse, d'où la présence d'une église orthodoxe non loin de l'église catholique latine. La plage la plus belle et la plus proche est celle de Pero. C'est de là que commence le sentier pour la tour d'Omigna.

Ce parcours d'exception est un grand classique immanquable, un vrai coup de cœur. Cette belle randonnée côtière part d'une plage pour s'enfoncer dans le maquis et atteindre un promontoire dénudé orné d'une grosse boule de granit. Ambiance grand large avec comme d'habitude une tour génoise au milieu de nulle part. Rénovée, on peut monter à son sommet pour découvrir l'immensité du littoral sauvage Corse.

Départ : au nord de la plage de Pero à Cargèse.
Accès : Cargèse est un village perché au-dessus de la côte au sud du golfe de Porto. Ce village est sur la route D 81 qui relie Calvi à Ajaccio. Du centre du village une petite route descend vers la plage de Pero.
Dénivelé : 200 m
Horaire : aller et retour 2 h 30 aller et retour
Distance : 7,7 km aller et retour
Balisage : balisage jaune
Difficulté : facile pour tous avec de gros vallonnements mais relativement peu d'ombre et pas de source. Votre ennemi constant : la chaleur.
Carte IGN : 4151 OT

Ci-dessus : la tour d'Omigna a été rénovée par le Conservatoire du Littoral.

Ci-contre : départ de cette randonnée magnifique avec comme but, cette tour génoise au loin.

La Corse est une déferlante de curiosités naturelles comme cette boule de granit au pied de la tour d'Omigna.

Le départ de l'aventure est au nord de la plage de Pero. Le sentier plonge immédiatement vers la côte par une petite descente. On ne franchit pas la barrière qui clôture la piste face à vous. Dans la presqu'île, plusieurs sentes se dessinent. La plus fréquentée longe le littoral de la presqu'île sur sa face sud. Vu la taille de cette fine avancée et la proximité de la mer, l'orientation est facile. Le début de la marche livre un maquis plus ou moins haut. Après une courte descente vers l'extrémité ouest de la presqu'île, l'aridité est totale avec des blocs de granit. La tour est sur l'ultime excroissance.
Pour le retour, vous pouvez reprendre le même itinéraire où vous pouvez composer une petite variante en longeant le littoral nord de la presqu'île avant de regagner le sentier emprunté à l'aller jusqu'à la plage de Pero.

SECTEUR

LE GOLFE D'AJACCIO

Tout le littoral de l'ouest de l'Île de Beauté est une succession de golfes, de baies, de criques et de caps. Le golfe d'Ajaccio présente une physionomie moins montagneuse et moins tourmentée que le golfe de Porto. Ici, c'est le royaume des longues plages de sable (Agosta, Ruppione), des stations balnéaires de charme (Porticcio) et de l'omniprésence des célèbres tours génoises au nombre de six. Au nord et au sud, ce golfe est délimité par deux longues pointes qui filent dans l'immensité de la Méditerranée : la pointe de la Parata avec les îles Sanguinaires et le Capo Muro. Par leur proximité et accessibilité avec Ajaccio (70 000 habitants), les Iles Sanguinaires et la Parata sont deux des pièces maîtresses du golfe.
Bien sûr, l'autre attrait touristique et culturel est la naissance de Napoléon Bonaparte le 15 août 1769 dans cette cité. Un musée, des statues, et pléthore de magasins avec son nom confirment son bon souvenir, avec évidemment de belles retombées économiques. Devant l'hôtel

Les célèbres îles Sanguinaires au nord-ouest du vaste golfe d'Ajaccio.

de ville, aux beaux jours il y a des commémorations et des défilés avec des grognards et quelques maréchaux autour de l'empereur. Un bel hommage à ce personnage clé de l'histoire de France avec une mise en scène et des costumes totalement authentiques. La charge de la garde est impressionnante avec les tirs de balles à blanc. De quoi imaginer le fracas sur un champ de bataille. Mais pour certains, la vraie figure de l'âme corse est Pascal Paoli qui tenta d'instituer une nation corse démocratique. Au sud de la ville d'Ajaccio, nous vous proposons deux balades familiales très faciles d'accès avec les tours de Capitello et d'Isolella. De quoi associer ces sorties avec des bains de mer. La pointe sud du golfe offre une vraie randonnée incontournable dans un cadre sauvage et isolé avec une étonnante chapelle rustique. Ce lieu balayé par les vents avec son maquis, sa tour génoise, son phare et ses amas de granit s'appelle Capo di Muro.

LES ÎLES SANGUINAIRES ET LE SENTIER DES DOUANIERS

Au nord du golfe d'Ajaccio, ce site est incontournable, mais on ne peut pas parler d'une randonnée au naturel. Très proches de la ville, vite accessible, les lieux ont été réaménagés avec un vaste parking payant et une voie pédestre en dur. Il faut dire que cette pointe rocheuse représente du pain béni pour les croisiéristes avec sa presqu'île et ses îlots de renommée mondiale non loin du port. Si vous arrivez en ferry, vous passez au large de ces îlots autrefois redoutés. D'ailleurs on dit que le nom Sanguinaires viendrait des marins morts sur ces écueils. Une autre légende raconte que Sanguinaires viendrait de la couleur rougeâtre du rocher en fin de journée. Le site est ouvert 24 heures sur 24. Donc être les premiers ou les derniers évite la foule et vous retrouvez ainsi le charme des lieux. La plus grande des îles s'appelle Mezzu Mare. Au début du XIXe siècle un lazaret (lieu de quarantaine) y fut construit pour les pêcheurs de corail de retour d'Afrique. Ils étaient là en quarantaine dans une époque où les épidémies faisaient rage.

Départ : du grand parking aménagé (Maison du Grand Site, informations et toilettes) de la presqu'île de la Parata ou se garer plus en amont sur la route des Sanguinaires. Quelques rares places de parking gratuit.

TOUR DE LA PARATA

Du parking à la tour de la Parata, le cheminement est indiqué et évident. Comptez 40 minutes en aller et retour. Vous pouvez faire la courte boucle au pied de la tour.

L'autre option est de partir de la plage Saint -Antoine (route par l'intérieur des terres et parking gratuit) pour réaliser cet itinéraire en sens inverse.

Accès : les Sanguinaires (D 111) sont au nord-est du golfe d'Ajaccio à 10 min en voiture du centre-ville.

Dénivelé : 85 m

Horaire : 2 h 30 à 3 h aller et retour pour la plage de Saint-Antoine

Balisage : sentier bien tracé car très fréquenté. C'est le bol d'air des Ajacciens avec ambiance grand large dès que le vent se lève.

Difficulté : facile, balades familiales par excellence. Pas d'eau.

Carte IGN : 4153 OT

L'approche des îles Sanguinaires a été complètement réorganisée, pour un accès pour tous.

Les îles Sanguinaires vues de la mer lorsque l'on entre dans le golfe d'Ajaccio le matin.

LES PLAGES AU NORD

Notre proposition est une balade familiale courte au nord de la presqu'île de la Parata jusqu'à deux plages en empruntant le sentier des douaniers. Dès que vous bifurquez vers cet itinéraire vous serez relativement seuls.
Au nord du parking (payant) de la Parata, plusieurs petites sentes mènent au sentier des douaniers aussi appelé Chemin de la Corniche. Un de ces accès passe par la chapelle Saint-Antoine. Il faut franchir, vers le nord, un petit collet. Rapidement vous découvrez l'autre face des Sanguinaires. Le sentier commence par un maquis bas et sans ombre. Vous passez près de la belle falaise d'escalade A Reta. La première option est la plage de Saint-Antoine (aussi appelée Petit Capo ou Sevani) longue de 300 m avec sa paillote. C'est le spot des surfeurs en cas de coup de vent. Non loin la plage du Grand Capo est plus longue. Comptez 2 h 30 à 3 h pour cet aller et retour à la plage de Saint Antoine qui ravira les petits et les grands. Du Petit Capo au Grand Capo comptez 20 minutes à pied à l'aller. Eau et bar à la plage du Grand Capo.

Coucher de soleil sur les îles Sanguinaires depuis les rochers des Sept Navires à Isolella.

LA TOUR DE CAPITELLO

Au bon milieu du golfe d'Ajaccio, cette puissante tour (1552) est posée sur un socle rocheux, légèrement en surplomb d'une très longue plage. Sur le flanc nord s'étire la vaste embouchure conjointe de deux rivières parfois capricieuses: la Gravone et le Prunelli. Nous sommes sur de basses terres hier très propices à l'élevage et l'agriculture. Dans le ciel quelques avions, l'aéroport d'Ajaccio est juste à côté. Depuis peu, une stèle très artistique, à l'entrée de la plage, rappelle un fait historique. C'est de cette plage que Napoléon a quitté l'île le 11 juin 1793. Il avait de sérieux démêlés avec les indépendantistes. Avant d'embarquer, il se réfugia dans la tour. En fait, il était porteur d'un mandat d'arrêt contre Pascal Paoli, le chef vénéré des Corses épris de liberté. Très mauvaise idée! Il rentra sur le continent pour mener une carrière très remarquée. La station balnéaire très fréquentée de Porticcio est juste à côté de la tour de Capitello. Comme souvent dans l'île, il suffit de marcher quelques mètres pour passer de l'ambiance festive à l'ambiance nature avec ici des paysages tout en longueur.

Départ: parking de la paillote Alta Rocca au nord de la station balnéaire de Porticcio.
Accès: de la R55 qui traverse tout Porticcio, prendre la route de Capitello (étroite) qui mène au parking, à la plage et à la tour du même nom.
Dénivelé: négligeable
Horaire: 30 minutes aller et retour
Distance: 2 km aller et retour
Balisage: aucun, suivre la trace principale au sol.
Difficulté: facile. Balade ultracourte à combiner avec un bain de mer. La tour s'aperçoit de loin. Aucun problème d'orientation. Au-delà de la tour, la plage au nord est fréquentée par les naturistes.
Carte IGN: 4153 OT

Ci-dessus: l'action du vent sur le végétal près de la tour de Capitello.

Ci-contre: la tour de Capitello vue de la plage.

Au nord de Porticcio, se garer au parking près de la paillote Alta Rocca. Monter sur la grosse bosse sableuse qui cache la mer. Apparaissent la plaque commémorative et un portrait très graphique de Napoléon. Prendre à droite avec l'étang de Casavone comme repère. De la plage au sable très meuble, on aperçoit un sentier qui monte de 5 mètres sur un petit plateau rocheux. Sur votre gauche la ravissante

Au nord de la tour de Capitello, on aperçoit l'embouchure de la Gravona et du Prunelli au coucher du soleil.

micro baie delle Sosse avec ses petits rochers orangés. Rapidement vous êtes à la tour, au pied de laquelle se trouvent des vestiges de la Seconde Guerre mondiale. Au loin, on aperçoit parfaitement la presqu'île et les îles Sanguinaires qui s'étirent sur la ligne d'horizon. À droite de la tour, un petit promontoire permet de visualiser l'embouchure du Prunelli et la ville d'Ajaccio.

Stèle en mémoire du départ précipité du futur empereur.

La puissante et massive tour génoise de Capitello.

LA TOUR D'ISOLELLA

Au cœur du golfe d'Ajaccio et à 5 kilomètres au sud de la station balnéaire de Porticcio, la presqu'île d'Isolella est de toute beauté avec sa couronne de rochers aux formes insolites entrecoupée de petites plages de sable. L'extrémité est de ce domaine est un chaos d'îlots rocheux de granit appelé les Sept Navires (Punta di Sette Nave). Une légende dit que ces sept navires d'envahisseurs ont été pétrifiés par la Sainte Vierge. Dans le même alignement, sur la ligne d'horizon se profilent les îles Sanguinaires. Sous cet angle, elles offrent un visage tout en longueur avec l'île de Mezzu Mare, la plus grande et la plus massive. Au cœur du territoire de la presqu'île d'Isolella, sur le point haut, trône une tour génoise (1608) facile d'accès. Le succès du site fait que le stationnement a été repensé pour la sérénité des lieux. Ainsi un grand parking à l'entrée de la presqu'île vous incite à ne pas rouler plus loin, surtout l'été.

Départ : plusieurs possibilités de parkings. Le grand parking près de l'Anse Médéa (plage) est le plus souple d'utilisation et incontournable en saison estivale.
Accès : la presqu'île d'Isolella est au sud d'Ajaccio et de Porticcio le long de la route côtière D 55.
Dénivelé : 50 m
Horaire : 1 heure aller et retour depuis le grand parking pour la tour
Distance : 4 km aller et retour
Balisage : panneaux directionnels au départ du sentier de la tour au cœur de la presqu'île.
Difficulté : facile. Balade familiale. La visite de toute la presqu'île se réalise en deux heures environ.
Carte IGN : 4153 OT

Ci-dessus : des panneaux précis dans la presqu'île d'Isolella.

Ci-contre : encore une forme fascinante du granit avec la tour d'Isolella au lointain.

La tour d'Isolella rénovée et le parterre végétal entretenu.

En juillet et août, garez-vous sur le grand parking à l'entrée de la presqu'île, il est à seulement 2 km de la tour. En inter-saison, vous pouvez jongler avec le petit parking de 5 places juste au départ du sentier, là, en 30 minutes aller et retour vous pouvez admirer cette tour avec son espace réaménagé. Le dénivelé est faible (50 mètres) ainsi que la distance. C'est la balade familiale par excellente.

Le rocher de la Tortue au nord de la presqu'île d'Isolella.

Pour la suite, il faut réaliser la boucle de la route circulaire (allée des Dauphins et allée des Dentis) qui permet de visiter (une heure) tous les recoins de la presqu'île avec différentes voies d'accès entre les villas. À la pointe des Sept Navires on peut dénicher un vague et bref sentier au ras de l'eau avec d'incroyables formes rocheuses qui raviront le photographe.
Au nord de la presqu'île, un petit îlot de granit est accessible grâce à une courte route. Sur la droite, un rapide sentier dans le maquis mène au rocher de la Tortue posé sur son socle minéral.

Il faut fouiner sur tout le littoral de cette presqu'île pour découvrir l'œuvre de l'érosion.

LE CAPO DI MURO, CHAPELLE ET TOUR GÉNOISE

Au sud du golfe d'Ajaccio, la solitude et le silence du Capo di Muro (Capu di Muru) contrastent avec le tumulte de la grande ville plus au nord. Cette longue presqu'île est un écrin au naturel où le granit et le maquis sont rois avec tamaris et chênes verts. Dès l'entrée du site, une borne au sol permet de visualiser la boucle (et ses options) de cette randonnée étonnante. Tourner dans le sens des aiguilles d'une montre permet de descendre vers la mer et le phare, puis de découvrir la chapelle rustique de la Madonella accompagnée de quelques oratoires au milieu des blocs de granit brun. Chaque lundi de Pâques, une messe est célébrée dans ce site sacralisé depuis le Second Empire. En Corse, la religion occupe une place importante. L'extrémité ouest du cap est insolite et dépourvue de végétal. Le vent est omniprésent. Le sentier remonte et passe au point haut (170 m) pour arriver à la tour génoise (ouverte à tous) légèrement en contrebas. Plein nord on aperçoit très bien les îles Sanguinaires. Non loin, dans une crique au sud, le fait divers de la paillote « Chez Francis » a défrayé la chronique en 1999.

Départ : du hameau de Cascionu jusqu'à un grand parking.
Accès : au sud d'Ajaccio, prendre la D 55 pour Coti Chiavari puis Acqua Doria. Rouler sur une route étroite et se garer juste après le lieu-dit Cascionu.
Dénivelé : 250 m
Horaire : 3 h 30 à 4 h
Distance : 9 km
Balisage : bornes au sol
Difficulté : moyenne avec des sentiers bien entretenus, mais un soupçon sportif dans la descente vers le phare et la chapelle.
Carte IGN : 4154 OT

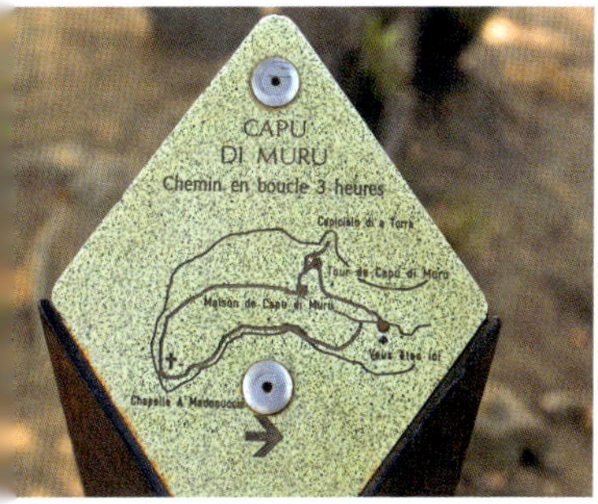

Ci-dessus : sur une borne au sol, on découvre les itinéraires de cette volumineuse presqu'île.

Ci-contre : toute la côte sud-ouest de la Corse est le royaume d'un pur granit aux formes envoûtantes.

Du parking, prendre la piste plein ouest en légère descente. Un panneau en bois directionnel est présent certaines années... Dès la borne d'information avec la carte fixée au sol, prendre la sente de gauche. Très courte montée puis descente sur de grosses pierres avec un sentier tonique comme souvent en Corse. On arrive rapidement en bord de mer. Trois kilomètres plus loin apparaît sur la droite le petit

Le petit phare au-dessus du granit et du maquis.

phare sur une crête rocheuse. Après une grande courbe à droite se dessinent un énorme cairn et la chapelle presque au ras de la mer. Le sentier remonte par paliers jusqu'à une ancienne maison agricole. À gauche, un chemin rejoint la tour (ouverte) en légère descente. Le haut couvert végétal offre de l'ombre. Pour revenir au point de départ le sentier remonte légèrement. Aucun souci d'orientation… des générations d'amoureux de la Corse sont passées sur ce site.

Sommet de la tour génoise. De ces vastes terrasses les autochtones guettaient inlassablement l'horizon.

SECTEUR

LE VALINCO ET LE SARTENAIS

Les beautés du golfe de Valinco prennent le relais sur le charme des plages d'Ajaccio. Du nord au sud de ce golfe, la nature est encore et toujours maîtresse des lieux. L'homme ne s'est implanté que par petites touches. On parle de la Corse des Origines avec les sites préhistoriques de Filitosa, Cuntorba et de Cauria. La baie de Cupabia est l'image type de cet univers : une mer turquoise, une fine plage de sable fin et un dense maquis qui inonde ce tableau de maître. De cet immense tapis végétal émerge une unique construction humaine : la tour génoise de Capanella. C'est notre première randonnée sur ce secteur du littoral. Propriano est la capitale du golfe de Valinco avec sa belle plage presque en centre-ville. Avec Campomoro au sud du golfe nous abordons l'un des plus beaux sites de l'île. Là, c'est le minéral qui prend le dessus sur le végétal avec en sus la plus grosse tour génoise ronde de Corse. Le Sartenais

Au prix d'une longue réhabilitation, le phare de Senetosa est devenu un refuge où l'on peut dormir au cœur d'une nature totalement originelle.

ouvre ses portes avec une côte parfaitement préservée et de toute beauté. Il en est ainsi jusqu'à Bonifacio. C'est le paradis du marcheur avec des sentiers du littoral d'exception où à chaque cap et à chaque crique on découvre des merveilles. Après de longs travaux, le phare de Senetosa est devenu un refuge où l'on peut y dormir. Les soirées sont idylliques. Le bâtiment s'illumine et un léger vent chaud apparaît. Une constante règne: le silence. Plus au sud le Lion de Roccapina affiche un rocher semblable à la tête du roi des animaux. Au sommet du rocher, les vestiges d'une tour de guet imprenable font penser à une couronne. De ces lieux sont nés des légendes, des mystères et des croyances. La puissance des éléments naturels troublait la quiétude populaire. Quelques réponses sont données au musée A Casa di Roccapina, en bordure de route. Une manière de tomber encore plus amoureux de cette île exceptionnelle.

25

DE LA PLAGE DE CUPABIA À LA TOUR DE CAPANELLA

Au nord du golfe de Valinco, la baie et la plage de Cupabia sont hors des grands axes de communication. C'est un lieu isolé et méconnu où le dense maquis (genévriers de Phénicie et chênes verts) recouvre tout l'environnement. Seule la tour de Capanella (Capanedda) dépasse de ce couvert végétal impénétrable. La plage de sable fin décrit un arc de cercle au bord d'une mer turquoise. Cette tour située à 103 m d'altitude est ouverte avec des escaliers sous forme d'échelles métalliques neuves. L'intérieur comporte une cheminée comme seul accessoire. Cette belle plage de Cupabia avec cette tour est sur la commune de Serra di Ferro (Sarra di Farru) qui comporte l'agréable station balnéaire de Porto Pollo flanquée de sa petite marine au sud. Ce lieu était connu des navigateurs car il est à l'abri des vents d'ouest grâce à son petit cap qui file plein sud. C'est là que se sont développés un port et quelques commerces. Non loin, l'embouchure du Tavaro dessine une grande plage de sable fin. Cette rivière prend sa source sur les hauteurs non loin du célèbre GR® 20. Les sentiers sont multiples dans le secteur pour composer plusieurs versions de balades et de randonnées selon vos envies pour découvrir cette tour et ce territoire avec le village de Serra di Ferro comme point haut 136 m.

Départ : de la partir sud de la plage de Cupabia.
Accès : au nord du golfe de Valinco, dans le méandre des petites routes on atteint cette plage par la route D 155 A au nord-ouest de Serra-di-Ferro. Cette route est une impasse. Vaste parking. Un restaurant et une paillote sur la plage.
Dénivelé : 150 m
Horaire : 1 h 30 à l'aller de la plage à la tour et 1 h au retour
Distance : 5 km aller et retour
Balisage : marquage jaune et panneaux directionnels.
Difficulté : facile, balade familiale. Balisage jaune. Tout l'espace a été valorisé avec des panneaux directionnels. Terrain facile au début avec peu de dénivelé par la suite. Plus escarpé sur la fin. Le principal ennemi, la chaleur. Bar et paillotes sur la plage.
Carte IGN : 4154 OT

Comme partout la Corse est le territoire des sangliers et des cochons en liberté totale.

En haut, à gauche de l'image, on aperçoit la solitaire tour génoise de Capanella noyée dans le maquis.

La version la plus simple et la plus courte pour admirer la tour de Cupabia est abordable par tous au départ de la plage éponyme. On aperçoit parfaitement l'édifice au-dessus de la végétation haute qui offre un peu d'ombre. Néanmoins, on abordera cette balade tôt ou tard surtout l'été. Le sentier part du sud de la plage (il mène également à quelques criques isolées) avec un tracé parallèle au littoral dans sa première moitié puis le sentier s'enfonce dans les terres avec une montée dans le maquis. Au principal croisement, on tourne à droite (le sentier devant vous mène au village). La fin est logique puisque l'on voit très bien l'édifice génois. Les derniers mètres sont raides avec un sentier un peu plus chaotique (grosses pierres et petits rochers). Une atmosphère 100 % Île de Beauté.

Variantes

• Une autre version sur le littoral part de Porto Pollo. Il faut monter dans le quartier résidentiel par la Strada di A Punta pour aborder le début de la large piste. Comptez deux heures à pied en aller et retour.

• Toujours au départ de Porto Pollo, on peut aussi faire une randonnée en boucle de 4h30 qui englobe la tour, Serra di Ferro et Porto Pollo. Soit 11 km et 350 m de dénivelé.

On peut visiter cette tour et grimper sur la terrasse de ce patrimoine unique en Méditerranée.

CAMPOMORO, LA TOUR ET LES SENTIERS DU LITTORAL

Cette partie sud du golfe de Valinco est déjà dans le Sartenais. Campomoro est un site naturel fabuleux avec une forêt de blocs de granit multiformes. Au sommet de la colline, trône une puissante tour génoise, la plus volumineuse des tours rondes, entourée d'un petit fortin en forme d'étoile. Dans la tour, une exposition permanente (entrée payante) permet de comprendre le pourquoi de ces fortifications et de ces longues journées à scruter l'horizon. À l'entrée, le gardien est un féru de l'histoire locale. En plus de sa plage d'exception, de ses bons restaurants et de son camping authentique ombragé, Campomoro propose plusieurs circuits le long du littoral. Mais l'on peut aussi flâner éperdument hors sentier à la recherche de l'insolite et du sublime.

Départ : du centre de Campomoro (bien respecter les places de stationnement, contrôles stricts) marcher vers l'ouest et traverser un petit quartier résidentiel, monter la courte rampe en béton. On arrive au départ des sentiers sur la droite. Soit 20 minutes pour atteindre le panneau du Conservatoire du littoral.
Accès : Campomoro est légèrement au sud-est de Propriano. Prendre l'étroite D 121 pour atteindre cette station balnéaire de charme. Ce site majestueux est une impasse pour ce qui est de la route.
Dénivelé : 250 m avec la montée à la tour
Horaire : 1 h pour la boucle de la tour de Campomoro depuis le centre du village. 2h30 à 3 h pour les boucles de la tour et des Pozzi depuis le centre de Campomoro.
Distance : 7 km
Balisage : sentiers bien tracés et entretenus. Balises au sol.
Difficulté : facile. Randonnée modulable et parfaite pour la famille. La visite de la tour est incontournable, 2,50 € l'entrée.

Ci-dessus : s'il fallait résumer la Corse de la nature et des hommes en une image, ce serait celle-là avec la tour de Campomoro.

Ci-contre : randonneurs le long du littoral au sud de la tour de Campomoro.

LA BOUCLE DE LA TOUR DE CAMPOROMO

Le circuit le plus court, où l'on passe sous des voûtes de granit avec des formes étranges. Le rocher le plus fou représente un dauphin. Avec la tour génoise en fond, c'est la photo la plus surprenante de ce littoral du sud de la Corse. Deux montées à la tour (10 min d'effort léger) sur les flancs est et ouest. Bien sûr la visite de l'exposition sur les Barbaresques est une obligation.

Punta di Campomoro
N
S
0
500 m
Tour
de Campomoro
Calanova
Punta
di Scogli Longhi
Caselle
Chiosello
Migini
Campomoro
D 121
Château
Durazzo

Arc-en-ciel et nuages gris au-dessus de la massive tour génoise.

Sieste au cœur d'une vaste forêt de formes rocheuses étranges.

LA BOUCLE DES POZZI

Pour cette balade facile tout en douceur, comptez 1h30 à 2 h additionnée à la visite de la tour. Une fois le circuit de la tour (dans le sens inverse des aiguilles d'une montre) réalisé, on enchaîne plein sud par le sentier du littoral en bordure de Méditerranée. Après un cheminement côtier et la traversée d'un ruisseau à sec, on tourne à gauche (borne au sol) avec une légère montée qui mène dans les terres. Le maquis devient plus haut. Bifurcation à gauche (borne au sol) et l'on remonte vers le nord. Rapidement, on arrive à un ancien lieu de vie avec une fontaine (souvent à sec) et une aire de battage. Après un point haut, on redescend vers le village de Campomoro.

DEUX JOURS DANS LE GRAND SITE DE CAMPOMORO SENETOSA

Quel bonheur de s'immerger dans cet exceptionnel site naturel préservé! L'aller et retour au phare refuge de Senetosa représente au total 28 kilomètres de marche sur deux jours. Il faut des vivres pour séjourner en autonomie dans les chambres ou le dortoir. Bien sûr, il faut impérativement réserver avant: www.campumoru-senetosa.corsica et 06 27 77 48 89

DE TIZZANO AU PHARE REFUGE DE SENETOSA

Tizzano est un lieu calme (15 habitants en permanence) le long d'un littoral sauvage avec comme principaux acteurs le minéral, le végétal et la Méditerranée. À l'ouest de ce hameau, un lieu unique en France, un phare solitaire réhabilité et réaménagé en refuge. Encore une œuvre du Conservatoire du Littoral associé des communes environnantes. Deux chambres et un dortoir vous accueillent. Il faut venir en autonomie avec vos vivres et remporter vos poubelles. Bien sûr aucun commerce. En cas de forte fréquentation le gardien propose des tentes. Il est impératif de téléphoner avant pour réserver. De Tizzano, la randonnée littorale proposée est l'option la plus courte pour découvrir ce monument. Près du hameau, un fortin s'élève le long de la côte. Des écrits prouvent qu'ici étaient utilisés des chevaux vu le terrain. Fait assez rare. Ce fortin est maintenant privé. Avec sa profonde crique bien abritée, Tizzano est connu et reconnu par les plaisanciers. Du coup ce petit hameau possède de bons restaurants et deux épiceries fines avec même du champagne.

Départ : parking isolé au nord-est de Tizzano au lieu-dit Barcaju.
Accès : du littoral de Tizzano, prendre la piste vers le nord qui passe devant le bon restaurant L'Escale. Contourner la Cala di Tizzano et continuer cette piste jusqu'au parking de Barcaju
Dénivelé : 100 m sans la tour
Horaire : 3 h à 3 h 30 aller et retour
Distance : 10 km aller et retour
Balisage : aucun. Sentier bien tracé et toujours à proximité du littoral. Plusieurs panneaux directionnels sur le parcours.
Difficulté : moyenne. Sentier parfaitement tracé avec quelques marches sur des plages de sable mou. Très peu d'ombre. Pas d'eau sur le parcours. Le refuge possède de l'eau filtrée et vend des bouteilles d'eau (bières et vins).
Carte IGN : 4154 OT
Phare refuge de Senetosa : 06 27 77 48 89. Prévoir ses repas. Petit-déjeuner possible à 6,50 €. Nuit de 15 à 20 € (dortoir ou chambre). Locations de tentes, draps et jetons pour douches chaudes. Réservation obligatoire www.campumoru-senetosa.corsica

Au nord de Tizzano, prendre la large piste en voiture. Vous passez devant le bon restaurant L'Escale. Même une voiture non 4 x4 est à l'aise sur ce parcours. Ainsi vous gagnez quelques kilomètres sans grand intérêt. La suite s'effectue à pied le long du littoral luxuriant avec des blocs de granit jaune, des genévriers tourmentés, des plages de sable. Par mer calme quelques voiliers sont au mouillage. Pour éviter

Ascension matinale à la tour de Senetosa.

Le sentier du littoral dans le sens Senetosa – Tizzano.

les grosses chaleurs, vu le temps de marche réduit, vous pouvez partir en fin d'après-midi. Le parking aménagé est au lieu-dit Barcaju (panneau avec cartes des itinéraires). Aux premiers pas vous marchez vers le sud quelques mètres avant de tourner deux fois à droite pour prendre le sentier du littoral. Celui-ci, très bien tracé, est toujours à proximité de la côte. L'orientation ne pose aucun problème (plusieurs panneaux directionnels). Le lendemain matin tôt la montée à la tour de Senetosa (altitude 100 m) s'impose, soit 30 minutes à l'aller. Évidemment cette randonnée avec ce phare (construit entre 1889 et 1892) est un must.

Ci-dessus : le phare-refuge de Senetosa et ses douces lumières du soir.
Ci-dessous : la tour génoise de Senetosa avant que le bas de l'échelle ne disparaisse.

LA BOUCLE DE ZIVIA ET TIZZANO

Tizzano est une impasse. La route ne va pas plus loin. Ainsi cette petite station est plongée dans le grand calme. La plage est de sable fin et l'eau translucide et turquoise. C'est le seul village en bord de mer entre Campomoro (environs de Propriano) et Bonifacio. Vers le nord-ouest on peut marcher jusqu'au phare refuge de Senetosa (voir rando précédente), au sud une randonnée plus sauvage permet de s'évader entre maquis et blocs de granit. Dans la dernière partie le rocher jaune clair est accompagné d'excroissances noires, grises avec un soupçon de vert. De nombreux écueils et îlots au large font la joie des kayakistes.

Départ : depuis le sud de la plage de Tizzano ou depuis le camping L'Avena
Accès : Tizzano est une petite station balnéaire calme. C'est l'unique oasis côtière habitée entre Campomoro et Bonifacio. De la route T 40, la route D 48 mène à Tizzano.
Dénivelé : 250 m
Horaire : 2 à 3 h
Distance : 6 km
Balisage : sentier évident au départ, mais il faut savoir lire le terrain et ne pas perdre les indices de vue (cairns et trace dans le maquis) entre la pointe de Zavia et la plage de Tizzano.
Difficulté : moyenne à difficile à cause de l'orientation délicate. Bonne initiation à l'aventure corse. Heureusement la proximité du littoral reste un repère immuable. Parcours peu fréquenté. Un excellent apprentissage pour l'orientation en terrain non aseptisé. Ne pas emmener les enfants ou les personnes en tenues de plage (le maquis avec ses sentiers étroits est l'ennemi du maillot de bain).
Carte IGN : 4154 OT

Ci-dessus : cormorans sur le granit de la baie de Tizzano.

Ci-contre : cet itinéraire est sportif avec une orientation fine.

Cette randonnée n'est pas à prendre à la légère niveau orientation. La vigilance s'impose pour ne pas perdre le fil conducteur. Le matin, prendre la piste au sud de la plage. La remonter vers l'Est sur 200 m. Vous longez le camping Avéna (bon restaurant). En deux courbes ascendantes, vous sortez de cet établissement et vous tournez à droite vers le petit hameau de Zivia. Le bitume devient vite terre battue. Rapidement, vous arrivez à un collet (104 m) aussi appelé col de Zavia, et vous prenez la piste face à vous. Barrière

Le départ de la plage de Tizzano avec une rotation dans le sens inverse à celui proposé dans ce topo.

Monolithe élancé à quelques mètres du sentier du côté de Tizzano.

métallique et passage piéton à droite. La piste descend. À chaque embranchement, vous restez à droite. À la fin de cette piste, au niveau d'un vague parking en sable, le sentier part dans le maquis plein ouest. Il est bien tracé dans un haut maquis. En arrivant près de la mer, le maquis devient plus bas. Vous êtes à la pointe de Zivia ou Lattoniccia. Quelques cairns apparaissent. Aux premiers gros blocs de granit bien distincts, le sentier file dans le maquis 30 mètres à droite de la mer. Après une légère descente, vous arrivez sur des dalles horizontales de granit. Visez le monolithe élancé de toute beauté que vous apercevez sur votre gauche. Le sentier sur du sable reprend là, gros cairns. Le nombre de cairns augmente, mais le maquis s'est un peu refermé. Au nord-ouest, on aperçoit au loin la tour génoise de Senetosa. On peut repérer des traces de pas lorsque la sente est de sable. On louvoie dans un parterre de pierres plus ou moins hautes où il faut parfois mettre les mains. Dès que le doute s'installe, faites demi-tour et analysez depuis le dernier repère. Un vrai jeu de pistes. Ainsi vous regagnez la plage de Tizzano.

Sentier dans le maquis au Capu di Zivia.

DE SERRAGIA À L'ORIU DE GROSSETTO

Le départ de la randonnée proposée ici se déroule légèrement en retrait du bord de mer, mais la Méditerranée est omniprésente dès que votre œil file vers l'ouest. C'est un promontoire d'exception pour admirer le littoral. À la frontière entre le Sartenais et le Grand Sud, il faut quitter la route T 40 pour atteindre le calme village de Serragia. Notre étonnante proposition est au-dessus de ce village, sur une crête avec un incroyable chaos de puissants rochers posé sur un bouclier de granit. Dans cet univers, une grosse excroissance en forme de casque accueille un abri ancestral de berger. Un site unique en Corse. Appelé Oriu, ce refuge sommaire utilise les faiblesses du minéral. Ici c'est une grotte tout en longueur où les récoltes et les autochtones trouvaient asile. Deux murs de volumineuses pierres taillées et empilées clôturent l'entrée de deux grottes adjacentes. On parle de double oriu. On est impressionné et envoûté par l'incroyable travail de l'érosion millénaire. Le vent, l'eau, la chaleur et le sel ont créé des trous et reliefs appelés taffoni. Ce site méconnu est un mélange de curiosités géologiques et d'adaptation de l'homme au milieu naturel. De ce belvédère, en contrebas, on aperçoit l'immensité du littoral du sud de l'île et la Sardaigne. Sentinelle solitaire blanche, la tour génoise d'Olmeto apparaît au loin comme la seule construction humaine.

Départ : du cimetière du village de Serragia à 155 mètres d'altitude.
Accès : le village de Serragia est au nord de Roccapina, très légèrement à l'écart de la route T 40.
Dénivelé : 300 m
Horaire : 2 h à 2 h 30 aller et retour
Distance : 6 km
Balisage : panneau de direction entre la piste et le début du sentier sur la gauche.
Difficulté : facile, mais gare à la chaleur car la piste rectiligne est sans ombre. Après l'ouverture dans le muret, on ouvre l'œil et l'on chemine entre quelques petits blocs sur un plateau avec l'oriu légèrement à droite.
Carte IGN : 4254 OT

Ci-dessus : une partie de l'étonnant oriu de Grossetto.

Ci-contre : contre-jour dans l'énorme chaos rocheux de Grossetto autour de l'oriu.

La nature corse a des excès et la randonneuse semble bien fragile au pied de ces édifices monumentaux.

Se garer après le cimetière dans le minuscule village de Serragia. Marcher sur la piste montante plein est. Après environ 45 minutes, au troisième virage en épingle à cheveux, on atteint un petit parking et un panneau jaune d'orientation indiquant: Monacia d'Aullène 1h30. À compter de ce point l'oriu de Grossetto (ou Grosseto) est à 1,5 kilomètre. Passage au collet Bocca di Acqua Veschi. Au bout de 20 minutes de marche, dans une légère descente, vous apercevez parfaitement sur votre droite une ouverture dans un muret. Passer dans cette ouverture et légèrement sur votre droite franchissez de petits blocs de rochers gris. Puis vous arrivez sur une grande dalle horizontale. Secteur hors sentier avec quelques cairns et une vague usure. Rapidement, vous devinez les formes extravagantes du minéral. Au pied de ce magistral oriu, une sente à l'est permet d'accéder à un parterre de trois blocs monstrueux érodés à souhait. Un des plus insolites paysages rocheux de l'île.

L'oriu de Grossetto est posé sur un vaste socle rocheux avec vue panoramique sur la mer.

LE LION ET LA TOUR GÉNOISE DE ROCCAPINA

Le Lion de Roccapina fait partie des nombreuses curiosités géologiques de la Corse. Au sommet de ce rocher emblématique, les ruines d'une ancienne tour de guet font parfaitement office de couronne. Mais cette couronne perd de son éclat, les pierres tombent. Pour certains, ce Lion est à la Corse ce que le Sphinx est à l'Égypte. Une des légendes dit qu'un seigneur vaillant vivait là. Les Barbaresques l'appelaient Le Lion de Roccapina. Lors d'une partie de chasse, il tomba amoureux d'une bergère. Ne pouvant l'épouser, il se tortura l'esprit et se pétrifia sous l'apparence du roi des animaux. Non loin, la tour génoise est éventrée. Elle date du début du XVIe siècle. Elle fait suite à une construction antérieure du temps de la domination aragonaise (fin du XIVe siècle). De cette tour (96 m d'altitude), le panorama à 360 degrés est exceptionnel, offrant une vue plongeante sur la baie de Roccapina avec son bleu turquoise immaculé. Au loin, au sud-est, on aperçoit la solitaire tour d'Olmeto.

Départ : au nord de la plage de Roccapina près d'une maison abandonnée
Accès : de la route T 40 entre Sartène et Bonifacio prendre la piste qui descend vers la mer au niveau de l'auberge Coralli. Suivant les années cette piste est plus ou moins en bon état. Si vous avez une voiture de sport basse, ne tentez pas l'aventure.
Dénivelé : 160 m
Horaire : 0 h 45 pour l'aller et retour à la tour, 1 h 30 à 2 h pour la boucle
Distance : 5 km pour la boucle
Balisage : bleu dans la dernière partie lors du passage sur les rochers.
Difficulté : facile, mais il faut bien lire le terrain côté Erbaju et rester vigilant avec un sentier sportif où la chaleur peut être forte dans la montée à la tour plein sud.
Carte : IGN 4254 OT

Le rocher du Lion de Roccapina et au sommet les vestiges d'une tour de guet en guise de couronne.

De la route T 40, au niveau de l'auberge Coralli, une piste de 3 kilomètres descend vers la plage de Roccapina considérée comme une des plus belles du sud. On peut se garer sur la partie ouest ou est de cette grande bande de sable fin.

ACCÈS DIRECT À LA TOUR

À l'ouest de la plage, un sentier sportif (plusieurs départs pour cette montée) et raviné mène à la tour. Cet aller-retour est une balade en soi. Cette montée est orientée sud-est, donc très chaude l'après-midi.

La tour de Roccapina.

RETOUR EN BOUCLE

La boucle proposée est plus ambitieuse. Sous la tour (bloc de rochers) en flanc sud, il faut prendre un sentier qui part à l'horizontale sur quelques mètres avant de descendre sur la crête rocheuse qui sépare la plage de Roccapina à l'est et la plage d'Erbaju à l'ouest. Rapidement, on atteint celle-ci, totalement déserte. Trace bien marquée. Elle est peuplée de beaux genévriers géants. Il faut ouvrir l'œil: après un kilomètre de marche sur la plage se dessine un sentier sur la droite (usure au sol) que l'on emprunte en légère montée régulière plein est. Rapidement, vous apercevez un marquage bleu sur des socles rocheux. Vous franchissez un petit collet avant de rebasculer côté Roccapina dans un dense couvert végétal.

Du promontoire de la tour, on aperçoit la belle plage de Roccapina. Point de mouillage par temps calme.

LE BELVÉDÈRE DU LION DE ROCCAPINA

Sur la route T 40 qui relie Sartène à Bonifacio, un parking permet d'observer au lointain le Lion et la tour de Roccapina en bord de mer. Comme beaucoup de voyageurs n'auront pas le loisir de descendre la longue piste pour approcher le rocher du Lion, le Conservatoire du Littoral a créé deux entités plus faciles d'accès. De quoi aussi rendre hommage à cet univers mystérieux et quasi mystique. Juste sous le parking, un sentier pour tous permet de découvrir la vie pastorale d'antan lorsque l'homme s'adaptait à son environnement. Bien sûr, cette balade est tout en finesse, loin des parcs d'attractions. Nous sommes dans le monde sobre et rustique des gens de la terre. L'autre lieu de culture est le musée A Casa Roccapina (ancienne maison de cantonniers du XIXe siècle) juste à côté du parking et de l'original restaurant l'Oasis (excellente table authentique). Dans ce musée, on comprend toute l'histoire des lieux (naufrage du *Tasmania* en 1887) et les phénomènes d'érosion qui donnent naissance à ces formes rocheuses extravagantes. On peut voir une maquette du Lion avec la tour de guet entière au sommet du rocher. Elle fut construite par un seigneur local.

I Départ : sur le parking du Lion de Roccapina (au col éponyme) le long de la route T 40. Une ouverture (fléchage) le long du muret et un escalier permettent d'accéder à ce sentier découverte.
I Accès : la fabuleuse route T 40 (anciennement RN 196) relie Sartène à Bonifacio.
I Dénivelé : 50 m
I Horaire : 45 min
I Distance : 2 km
I Balisage : sentier parfaitement tracé.
I Difficulté : facile. Sentier en boucle où les enfants seront enchantés par les constructions authentiques en milieu naturel.
I Carte IGN : 4254 OT
I A Casa di Roccapina, musée (et boutique) : entrée 2 € avec audioguide, maison du col de Roccapina, 04 95 71 56 30.

Belvédère aménagé du Lion de Roccapina. Une balade parfaite pour la famille.

Coucher de soleil sur la tour et le rocher du Lion de Roccapina.

Reconstitution d'un abri d'antan juste sous le parking de la route T 40.

Sur le parking du Lion de Roccapina, un escalier mène à un circuit de 30 à 45 min avec de courts escaliers métalliques ou en pierre. Ainsi on découvre des abris sous des voûtes rocheuses appelées orii (oriu au singulier). Le sentier, en boucle, serpente dans les senteurs du maquis. Il est parfaitement tracé et mène à un belvédère sur un gros bouclier de granit. Au loin, on aperçoit la longue crête minérale où se profile le Lion et plus à gauche la tour génoise. Très beau coucher de soleil depuis ce lieu. Une balade familiale par excellence.

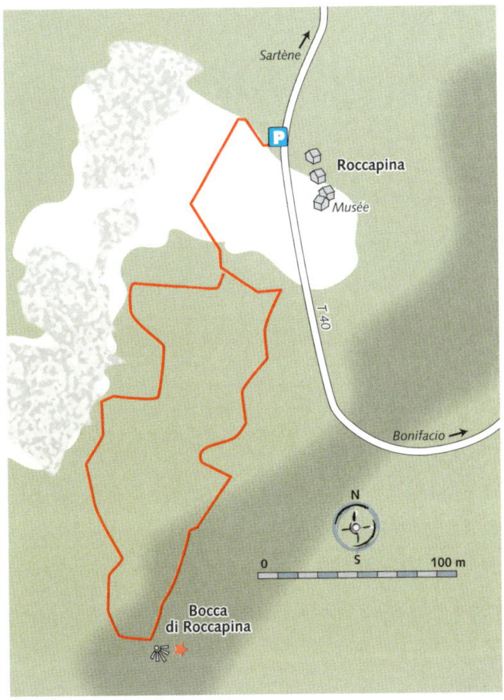

SECTEUR

LE GRAND SUD

En continuant ce tour de la Corse, après le Sartenais, on aborde les collines et les basses terres du Grand Sud. C'est le royaume des étranges orii, ces étranges abris de bergers étaient construits dans des cavités. Au sommet d'une crête, celui de Grossetto est le plus expressif (à la frontière entre le Sartenais et le Grand Sud, cf randonnée n° 29). À Monacia-d'Aullène, le sentier du patrimoine (voir suggestion it. n° 32) permet de parfaitement cerner ce monde rural qui était l'essence même de l'île. Puis la route principale descend vers les basses terres et Bonifacio. Les environs de cette magnifique cité regorgent de balades et randonnées sur le littoral qui ne manquera pas de vous étonner. Chaque itinéraire offre un aspect très différent. L'un des musts est le Sentier des Plages. Autrefois ce secteur était la terre nourricière de Bonifacio avec des cultures. On peut découvrir les vestiges de pierre de ce monde d'antan avec de grands murs et des abris en pierre sèche (sans liant – ou mortier – entre les pierres). En sus de nos propositions, il faut impérativement monter à la citadelle et ses multiples rideaux défensifs. Dans la ville haute, parcourir l'Escalier du Roy d'Aragon est un moment surprenant et tonique avec ses 187 marches creusées dans la roche et son inclinaison à 45 degrés. Les locaux et les moines franciscains l'empruntaient pour accéder à une source d'eau douce, le puits Saint-Barthélemy. Le puits n'est plus utilisé aujourd'hui et n'est pas accessible. Puisque

Descente vers les Trois Pointes dans l'incroyable site naturel de Bonifacio.

nous sommes dans une ambiance vacances à la plage, les pieds des visiteurs sont vérifiés pour éviter la présence des tongs et autres chaussures à talons dans cette aventure de l'Escalier du Roy d'Aragon avec la remontée très tonique…

Visite payante, informations sur www.bonifacio.com

Le dernier émerveillement sur la commune de Bonifacio concerne la baie de Rondinara, le paradis des couleurs avec une mer émeraude et du granit rose. Nous remontons vers le nord en traversant Porto-Vecchio qui attire les foules l'été venu. En juillet et août, la circulation est dense, très dense. Dans un cadre plus serein, notre dernière escapade dans le Grand Sud est à Fautea autour de sa tour génoise. Une balade simple mais belle, en famille. Au-dessus de Solenzara, le littoral change totalement de visage. Les escarpements rocheux disparaissent. Le paysage est plat avec une plage infinie et rectiligne qui termine sa course bien plus au nord à Bastia.

MONACIA-D'AULLÈNE, DE LA PLAGE DE FURNELLO À LA TOUR D'OLMETO

À l'extrême sud-ouest de la Corse, le littoral est plat mais avec un contour tourmenté où se succèdent petites plages et caps rocheux tout en longueur. Loin des hauts sommets, ce territoire est souvent épargné par les pluies et les orages. Ce terrain est parfait pour les balades en famille. La tour d'Olmeto (ne pas confondre avec le village du même nom près de Propriano) s'aperçoit de très loin de la route T 40 lorsque l'on quitte le Sartenais pour plonger vers le Grand sud. Tel un phare, c'est un parfait cylindre crépi en blanc de 9 mètres de haut construit sur des blocs de granit d'environ 6 mètres de hauteur. À l'inverse de la majorité de tours, elle ne possède pas de mâchicoulis. Un escalier fait de barreaux mène à la porte. Fermée. Tout autour le terrain est parfaitement plat. Plein sud, on distingue très bien la Sardaigne. Le nom de cette tour viendrait d'une ormeraie (culture des ormes dont le bois est utilisé pour les meubles, les outils et les charpentes). Si vous avez des jumelles, côté terre, vous pouvez apercevoir l'Uomo di Cagna à 1217 m d'altitude. Tel un bilboquet, cet incroyable bloc de granit est en équilibre sur une pointe rocheuse, défiant toutes les lois de l'équilibre.

Départ : parking de la petite plage de Furnello ou Furnellu.
Accès : de la route T 40, une petite route et une piste mènent à ce parking.
Dénivelé : 30 m
Horaire : 1 h à 1 h 30 aller et retour
Distance : 4 km
Balisage : sentier parcouru jadis par les douaniers. Marquage jaune.
Difficulté : facile. Balade familiale par excellence avant de faire les bains. Pas d'eau et très peu d'ombre.
Carte IGN : 4254 OT

Ci-dessus : es couleurs chaudes de l'arbousier, un des arbrisseaux du maquis.

Ci-contre : paysage tout en longueur autour de la tour génoise d'Olmeto.

En venant de Sartène sur la route T 40, prendre une petite route à droite à environ 900 m avant le croisement pour Monacia-d'Aullène. Le panneau jaune indiquant la direction de la tour disparaît parfois. La route d'asphalte laisse place à une large piste plate. Sur la gauche, un étang accueille des oiseaux sédentaires ou migrateurs comme quelques rares flamants roses. Le parking est quasiment au bord de

la plage. Le sentier démarre sur la droite de celle-ci. On aperçoit des ruines et un petit muret avec trois marches insérées dans l'empilement des pierres (marques bleues et jaunes). On gravit cet étroit escalier et de suite on file sur le sentier rectiligne et très bien tracé. Se perdre est impossible, la sente est parallèle au littoral. Sur la fin, le sentier devient sableux. Ambiance grand large.

Variante
Pour les sportifs, l'option est de continuer vers l'ouest par le sentier du littoral jusqu'au Lion de Roccapina. Ceci en réalisant un aller et retour de 18 km et 300 m+ depuis la plage de Fumelllo ou un aller simple (9 km, 200 m+) avec un mouvement de voiture (ou taxi).

La tour d'Olmeto est un cylindre parfait posé sur un socle rocheux.

Avec de bonnes jumelles, on aperçoit au nord l'intriguant Uomo de Cagna. Tout est une question d'équilibre dans la vie.

Départ : au sud-ouest du village, à 500 m du centre. Un panneau immanquable : « Sentier du Patrimoine Monacia-d'Aullène ». Parking dans le village. Comptez 1 h 30 à 2 h, pour une distance de 5 km et un dénivelé de 120 m.

LE SENTIER DU PATRIMOINE DE MONACIA-D'AULLÈNE

On pourra profiter de notre venue dans le secteur pour découvrir ce pittoresque sentier au départ de Monacia-d'Aullène. Cette balade n'est pas en bord de mer, mais elle vaut le détour !

Près de Monacia-d'Aullène, le sentier du Patrimoine affiche plusieurs orii.

PIANOTTOLI-CALDARELLO, LE SENTIER DES BRUZZI

Pianottoli-Caldarello est une commune paisible où l'on aime la discrétion. Peu de panneaux indiquent les plages et les parkings. De belles bâtisses sont discrètement intégrées au maquis. Le long de la côte sud, dans le golfe de Figari, on aperçoit la tour génoise de Caldarello. Il faut louvoyer pour arriver à ses pieds. Là, se profile un étonnant chaos rocheux et l'on passe sous d'énormes voûtes de granit. À l'ouest de ce patrimoine, face à la Méditerranée, le littoral est resté vierge et sauvage, comme toute cette côte entre Campomoro et Bonifacio (excepté la petite enclave de Tizzano). Le secteur est légèrement vallonné ce qui donne de beaux points de vue où s'additionnent caps de rochers jaunes et roses et minuscules plages de sable. Le maquis (genévriers, bruyères et lentisques) est assez bas puisque exposé aux vents du large. C'est dans cet environnement à l'ouest de la baie de Figari que l'on peut réaliser la boucle des Buzzi au pied de la tour de la Punta di u Pozzu, haute de 135 mètres.

I Départ : panneau du Conservatoire du Littoral sur la route au pied d'une colline Punta di u Pozzu
I Accès : de la route T 40 au nord de Bonifacio, dans le village de Pianottoli-Caldarello, prendre en direction de Caldarello (D 112). Roulez jusqu'au camping Kevano. Prendre à droite sur deux kilomètres jusqu'au petit parking avec le panneau qui annonce le début du sentier.
I Dénivelé : 100 m
I Horaire : 1 h 30
I Distance : 5 km
I Balisage : panneaux directionnels et sentiers bien tracés.
I Difficulté : facile. Balade familiale par excellence sur terrain relativement plat à bien doser évidemment par rapport à la saison et à la chaleur. Comme sur tous ces sentiers du littoral aucun point d'eau
I Carte IGN : 4255 OT

Ci-dessus : association du bois et des pierres pour un clin d'œil.

Ci-contre : du sentier des Bruzzi, on aperçoit au nord la blancheur de la tour d'Olmeto.

On est plus dans le domaine de la balade familiale (1h30) que de la randonnée, avec de belles formes et de traditionnelles forêts de cairns. Atmosphère grand large accentuée dès que le vent souffle. Il faut se rendre au camping de Kevano. Face à celui-ci, la route de droite mène à un panneau indicatif. Sentier très bien indiqué grâce au Conservatoire du littoral.

Orientation et sentier facile, c'est une balade familiale par excellence.

Le départ est sous un couvert végétal puis rapidement l'horizon se dégage. On arrive à un croisement avec des panneaux verts et l'on choisit d'aller à droite ou à gauche pour effectuer cette boucle. Quel que soit votre choix vous repasserez par ce point. La version de droite passe d'abord vers l'intérieur. Celle de gauche plonge tout de suite vers le littoral. Une baignade est possible dans l'anse d'Arbitru, le point bas de cette boucle.

DE LA TONNARA À BONIFACIO, VIA LE CAPO DI FENO ET LA PLAGE DE PARAGAN

Longue randonnée exceptionnelle qui commence par le granit et les eaux turquoise de la Tonnara (paradis des kite surfeurs) pour finir presque au cœur de Bonifacio avec ses étonnantes falaises calcaires d'un blanc immaculé. Au départ, la Tonnara (l'origine du nom vient de la pêche au thon pratiquée dans ce secteur) livre un visage radieux avec de magnifiques criques aux eaux claires et lumineuses. C'est le territoire des grands espaces et du vent. Plusieurs parkings accueillent les baigneurs. Des créateurs d'un jour ont bâti des forêts de cairns avec des pierres rondes et ovales. L'image la plus expressive est après le Capo di Feno avec la roche métamorphique en premier plan, puis la roche sédimentaire au lointain avec le long Capo Pertusato. Tout cet univers lointain apparaît comme un grand trait horizontal de craie blanche. On aperçoit minuscules : le phare rouge de la Madonetta, des maisons de la Ville-Haute, le sémaphore et le Capo Pertusato. Les ferries arrivent et partent pour la Sardaigne à 12 kilomètres plein sud. On distingue parfaitement les volumes de cette île italienne. À la plage de Paragan, le granit est au nord et le calcaire est au sud. Ces seize kilomètres de randonnée sont vierges de toute habitation et de toute architecture humaine.

Départ : parkings près des deux restaurants de la Tonnara. De nombreuses pistes et sentes sont tracées par les baigneurs. Le plus simple est d'aller plein sud vers la première crique : plage de Stagnolu. Au bout de l'entendue de sable, le sentier commence.
Accès : au nord de Bonifacio et de la Bocca d'Arbia, on accède à la Tonnara par la petite route D 358 (impasse). Panneau directionnel le long de la route T 40 (ancienne N 196).
Dénivelé : 310 m
Horaire : 4 à 5 h
Distance : 16 km
Balisage : quelques cairns. Des panneaux directionnels aux croisements pour aller à la Bocca d'Arbia ou à l'ancien ermitage de la Trinité.
Difficulté : moyenne à difficile si chaleur élevée. Pas de problème d'orientation. Ce parcours est mis en avant par l'office du tourisme, donc le sentier est parfaitement tracé et entretenu. Prévoir un transport pour le retour.
Carte IGN : 4255 OT

L'arrivée à la plage de Paragan (Cala di Paraguano).

Sur la face occidentale de la plage de Paragan, le rocher est granitique.

Bien sûr vous pouvez réaliser ce parcours du sud au nord et vice versa. En marchant vers le sud vous aurez les fabuleuses falaises de Bonifacio en ligne de mire. Il faut réaliser un mouvement avec deux voitures ou prendre un taxi à Bonifacio. Cette dernière option évite les problèmes de stationnement dans cette cité très fréquentée. L'orientation ne pose aucun problème. La végétation est basse, vous visualisez parfaitement votre itinéraire et le sentier est en permanence le long du

Sur cet itinéraire, on quitte le granit brun pour la blancheur du calcaire de Bonifacio.

Comme partout en Corse, les bêtes sont en totale liberté.

littoral jusqu'à la plage de Paragan. Cette plage marque la fin du granit, le calcaire prend le relais au bout des 150 mètres de cette étendue sableuse. La suite est toujours sans problème avec un final sur un large sentier ancestral dallé, la Strada Vecia. Cette voie quasi rectiligne mène presque au cœur de Bonifacio. Chemin faisant, on aperçoit des constructions en pierre sèche (sans mortier de jonction) et de longs murets. Ici s'étendaient les terres agricoles du temps où la cité vivait en autarcie. Rupture d'atmosphère totale à l'arrivée. Le sentier débouche sur l'axe principal de circulation de Bonifacio à 100 mètres du port et des allées commerçantes.

Champ de cairns près de La Tonnara, le départ de ce parcours.

BOUCLE DU CAPO DI FENO ET DE L'ERMITAGE DE LA TRINITÉ DEPUIS LA BOCCA D'ARBIA

Cet itinéraire reprend une partie de la proposition précédente. Mais la randonnée est plus courte et surtout elle est en boucle. Le maquis bas est toujours omniprésent. En fin de parcours, on côtoie l'ermitage de la Trinité (150 m d'altitude) au pied de son volumineux chaos rocheux. Les premiers religieux vivaient dans des grottes et sous des voûtes naturelles avant de construire une chapelle rustique. L'église actuelle a vu ses premières fondations au XIIe siècle. Plusieurs confessions se succédèrent: les bénédictins, les franciscains puis les capucins. L'église est ouverte et comporte de nombreux ex-voto (expriment un vœu ou des remerciements). Juste en face dans un encadrement de rochers, un oratoire dédié à la Vierge Marie. Ambiance sereine dans cette forêt de chênes verts et d'eucalyptus qui offrent de l'ombre. On peut aussi choisir ce lieu comme point de départ de cette boucle. Si l'on monte sur une excroissance rocheuse on voit parfaitement la Ville-Haute de Bonifacio sur son incroyable socle calcaire.

I Départ: parking bien signalé à la Bocca d'Arbia près de l'excellent camping de la Trinité (04 95 73 10 91). Le sentier démarre de ce parking.
I Accès: la Bocca d'Arbia est sur la route T 40 (ancienne N 196) au nord de Bonifacio.
I Dénivelé: 300 m
I Horaire: 3 h à 3 h 30
I Distance: 8 km
I Difficulté: facile ou moyenne, comme pour tous les sentiers du littoral c'est la chaleur qui changera la donne. Aucun point d'eau sur le parcours. Bon restaurant au camping.
I Carte IGN: 4255 OT

Ci-dessus: l'intérieur de l'église à l'ermitage de La Trinité.

Ci-contre: de l'ermitage, on aperçoit la plage de Paragan et Bonifacio.

Juste à côté du camping La Trinité un parking récent représente le départ de cette randonnée. Un panneau sur ce lieu de stationnement vous met tout de suite dans le bon sens de la marche avec une légère descente jusqu'à la mer et

L'ermitage est au pied d'un gros chaos granitique à l'ascension très délicate.

le phare de Capo de Feno. Ne pas tenir compte des deux sentiers que vous rencontrez successivement sur votre gauche. Suivez ce chemin rectiligne jusqu'à la mer et le phare en contrebas. Du phare, revenez sur vos pas pour suivre le sentier bien marqué sur votre droite. Le sentier devient parallèle à la côte. Vous êtes sur du granit brun et orangé, au loin vous apercevez la longue barre

Le phare de la Madonetta est le repère fondamental pour définir l'entrée du port de Bonifacio. Ferry en provenance de la Sardaigne.

des falaises blanches de Bonifacio. Il est astucieux de réaliser cette boucle dans ce sens indiqué pour justement admirer ce paysage de l'extrême sud de la Corse. Quelques minuscules criques se dessinent au bord du sentier avec un sable à gros grains. Un panneau indique la remontée vers l'ermitage. Celle-ci peut être rude en l'absence de vent. L'après-midi, vous êtes plein soleil. De l'ermitage, un chemin carrossable puis une petite route permettent de relier en 10 min la voie principale et le parking de départ.

Atmosphère minérale et végétale tôt le matin près de l'ermitage.

BONIFACIO, LE SENTIER DES PLAGES

Dans la déferlante des beautés des environs de Bonifacio, cette randonnée en boucle est déconcertante et c'est la pièce maîtresse de ce complexe univers minéral. Le départ du sentier est presque en centre-ville et il permet d'admirer en premier lieu la massive presqu'île de la Ville-Haute, sous un angle inédit avec ses 70 mètres de sédiments (roche calcaire). Rapidement se profile une autre presqu'île mais en format miniature avec le phare de la Madonetta. Un fin cordon minéral dallé avec de grandes marches permet d'approcher le phare rouge. Pour les navigateurs, c'est le repère incontournable qui définit l'entrée minuscule du port dans ce long alignement de falaises. Plus loin se dessinent les deux îles de Fazzio et l'on surplombe le passage des bateaux de promenade dans un étonnant goulet. L'arrivée à la plage de Paragan est saisissante avec une atmosphère digne des Caraïbes. Sur la partie sud de la plage la roche est calcaire. Au nord le minéral est de granit. C'est la jonction entre deux mondes. À consommer sans modération.

Départ : panneau bleu et blanc « sentier des plages » à côté de la petite pizzeria U Veni Qui Sylvain.
Accès : le sentier démarre à l'entrée de Bonfacio. Il est impératif d'arriver tôt pour éviter les embouteillages et pour trouver facilement une place de parking (payant).
Dénivelé : 230 m
Horaire : 3 h 30 à 4 h
Distance : 10 km
Balisage : panneaux indicateurs à chaque croisement.

Entre le camping L'Araguina et la station-service (First Stop) un discret panneau « sentier des plages » indique le départ du chemin dallé plusieurs fois centenaire et entouré de hauts murs. Ce sentier porte aussi le nom d'A Strada Vecia. C'était une partie des terres agricoles de la cité. Il se dirige plein ouest et grimpe légèrement. Une brève descente sur la gauche permet d'aller à une petite crique (calanque de la Catena) où des voiliers stationnent l'été lorsque le port est plein. Pour réaliser cette boucle, au deuxième croisement, prendre à gauche (en angle droit) le sentier qui mène à un belvédère naturel avec vue sur la Ville-Haute. Rapidement,

Petit promontoire au-dessus du goulet aux îles de Fazzio.

Difficulté : facile à moyenne en fonction de la température du jour et de votre forme physique. Une fois visualisée la presqu'île de la Madonetta vous pouvez aussi rentrer le cœur léger. En absence de vent, la voie dallée entourée de murs blancs peut être un four, privilégiez un départ matinal.
Carte IGN : 4255 OT

vous arrivez à la fameuse presqu'île de la Madonetta avec sa fine voie d'accès. En longeant le littoral dans une atmosphère de grand large avec le cri de goélands, vous arrivez aux îles de Fazzio. Le sentier repart dans les terres (au nord). Vous regagnez le sentier principal qui relie en direct Paragan à Bonifacio. Tourner à gauche pour la plage de vos rêves, Paragan. Pour le retour prendre de manière rectiligne le sentier dallé vers la majestueuse cité fortifiée.

La minuscule presqu'île du phare de la Madonetta et sa fine voie d'accès pavée.

BONIFACIO, DU COL SAINT-ROCH AU CAPO PERTUSATO

Au pied de la puissante citadelle, le col Saint-Roch est une petite dépression d'où l'on peut admirer la mer avec notamment sur la gauche le rocher appelé le Sucre ou le Grain de Sable. Ce col porte le nom de la chapelle blanche à quelques mètres de vous. Au loin, plein sud, on admire le long Capo Pertusato (Capu Pertusatu). C'est le point le plus au sud de l'Île de Beauté. Le sémaphore est le seul signe de présence humaine. Tout ce secteur est un plateau calcaire d'une centaine de mètres d'altitude qui surplombe la mer avec une vue permanente sur la Sardaigne. Bien sûr, les militaires ont beaucoup investi ces lieux. Au pied du Sémaphore, un parking permet à tout un chacun de marcher une heure en aller et retour vers la plage de Saint-Antoine (120 m de dénivelé) ou vers l'ancien phare. Le matin tôt ou le soir tard, loin de la foule et avec des lumières basses, les atmosphères sont dantesques et totalement différentes.

I Départ : de la chapelle Saint-Roch sous l'entrée de la citadelle.
I Accès : arrivez tôt à Bonifacio pour trouver une place de parking (payant) près du port. Traversez celui-ci vers la citadelle. Prendre l'immanquable rampe (montée Rastello) aux marches tout en longueur. Vous débouchez devant la chapelle Saint-Roch. Pour le Capo Pertusatu (et la balade en boucle), prendre l'un des deux chemins dallés sur votre gauche.
I Dénivelé : 300 m
I Horaire : 3 à 4 h aller et retour à la plage de Saint-Antoine
I Distance : 10 km
I Balisage : sentier bien tracé et assez fréquenté. Orientation facile.
I Difficulté : moyenne, si vous faites l'aller et retour, avec une marche tout en longueur sur un parterre minéral de cailloux, de pierres et de dalles blanches. Pas de difficultés techniques.
I Carte IGN : 4255 OT

Ci-dessus : goéland sur les fragiles excroissances calcaires des falaises.

Ci-contre : le calcaire présente d'autres formes d'érosion que le granit. C'est le monde des grottes, entre autres. Le capo Pertusato et son phare.

De ce col Saint-Roch, une balade et une randonnée sont possibles !

BOUCLE DE CAMPU ROMANILU

Cette balade est une boucle qui vous projette (au départ) sur de larges chemins dallés plusieurs fois centenaires. L'un monte assez raide, l'autre suit les courbes de niveaux

en surplombant le port. À vous de choisir le sens de rotation. Ces sentes mènent au lieu-dit Campu Romanilu, hier terres agricoles de Bonifacio (une heure de marche pour cette petite boucle jusqu'aux anciens et insolites abattoirs au milieu de nulle part). En contrebas on observe la valse des navettes touristiques. Le calcaire, très sensible à l'érosion, a favorisé la formation de grottes géantes dont certaines sont ouvertes au sommet.

Entre le capo Pertusato et Bonifacio.

Chemin dallé ancestral au départ du col Saint-Roch.

ALLER-RETOUR AU CAPO PERTUSATO

La seconde option est une vraie randonnée qui mène au Capo Pertusatu avec une descente vers la plage de Saint-Antoine. Le terrain est peu commun avec une marche sans cesse panoramique. Le sentier est parallèle à la route D 260, la mer est omniprésente. Entre la route et la mer, l'orientation est plus que facile. Mais par deux instants il faut marcher sur cette route (D 260). Vous traversez d'anciens aménagements militaires. Le maquis est très bas: le romarin est présent avec les genévriers aux formes modelées par le vent. Vous passez au pied du sémaphore avant de plonger vers la plage de Saint-Antoine. Pour le retour, emprunter le même chemin en sens inverse. Vous pouvez aussi trouver un visiteur véhiculé pour revenir à Bonifacio: chose facile sur cette route hors du commun très fréquentée.

Variante

Près de l'ancien phare de Pertusatu, un discret sentier du littoral mène à la Cala Sciumara. Comptez 50 min à 1 heure pour l'aller et retour depuis l'ancien phare (environ 2,7 km, 80 m+).

BONIFACIO, DE PIANTARELLA AUX PETIT ET GRAND SPERONO

Au fil des saisons, l'atmosphère des sentiers du littoral change. En voici l'exemple type avec cette balade vers le Petit et le Grand Sperono. Au printemps et à l'automne, vous pouvez être seuls au monde dans un grand calme. L'été, cet univers bascule avec la déferlante des baigneurs et des parasols. Il est vrai qu'à 300 mètres au large, l'îlot de Piana est le tableau parfait de l'île déserte. Étonnamment, on peut rejoindre cette île à pied en marchant dans l'eau cristalline. Il y a un gué. Mais chaque année le fond change. Au départ on peut perdre pied sur une dizaine de mètres. Les courants parfois violents entre le littoral et l'îlot ont creusé le fond. C'est la surprise. La plage du Petit Sperono est de petite taille comme son nom l'indique. Ensuite, un cheminement permet de traverser une petite partie du terrain de golf pour arriver, plus loin, à la vaste plage du Grand Sperono. Ces deux entités de sable très fin et d'eau translucide et turquoise sont devenues hyper « instagrammables », ce qui entraîne une surfréquentation début août. Un magnifique sentier du littoral permettait de rejoindre le Capo Pertusato en 2 h depuis l'embarcadère de Piantarella. Il a malheureusement disparu à l'approche d'un quartier résidentiel.

Départ : embarcadère et plage de Piantarella.
Accès : dans Bonifacio, prendre la direction Capo Sperono (D 260). Au premier croisement, prendre à gauche vers Piantarella et camping des Îles (04 95 73 11 89). Roulez et garez-vous en fin de route (impasse).
Dénivelé : 20 m
Horaire : 45 min à 1 h aller et retour
Distance : 4 km aller et retour
Balisage : aucun. Sauf sur le terrain de golf, direction sur une grosse pierre, pour la plage du Grand Sperono.
Difficulté : facile et balade familiale avec deux visages : nature et silence en intersaison et ambiance plage et parasol en juillet et août sur le territoire très convoité de Bonifacio.
Carte IGN : 4255 OT

Sentier entre les plages du Petit et du Grand Sperono.

Dans les années 1980, il était interdit d'accoster à l'îlot de Piana qui était un refuge pour les oiseaux. Aujourd'hui, le tableau a changé surtout en juillet et en août. Il ne faut pas arriver trop tard pour pouvoir se garer au lieu-dit Piantarella. La marche commence à droite de l'embarcadère

Après la plage du Grand Sperono, le sentier du littoral s'évapore.

La petite île de Piana relativement facile d'accès grâce à un gué.

D 260
P
Plage de Piantarella
gué pour l'île de Piana
Étang de Piantarella
Île Piana
Ruines romaines de Piantarella
Étang de Sperono
Plage du Petit Sperono
traversée terrain de golf
Sperono
a Vachetta
Ciappili
Plage du Grand Sperono
Amer
Pointe de Sperono
Cala di Ciappili
N
S
0
500 m

en longeant le littoral avec un court passage sur des rochers. Elle se poursuit sur la plage, plein sud. À la hauteur de l'îlot de Piana, on monte un talus sur la droite pour basculer, vers la droite, rapidement sur la plage du Petit Sperono. Un petit escalier de calcaire de cinq mètres mène à une sente au dense couvert végétal qui traverse une partie du terrain de golf et en dix minutes vous êtes sur la plage du Grand Sperono. Le sentier continue vers quelques criques sauvages puis il disparaît.

Traversée d'un petit ruisseau pour accéder aux plages du Petit et Grand Sperono.

BONIFACIO, BALADE DES TROIS POINTES

Bonifacio est la perle du sud, certains parlent de la plus belle ville du monde. En sus de son architecture, cette cité est implantée sur un site naturel unique avec des falaises d'un blanc immaculé. Cette roche renvoie violemment la lumière de l'astre déifié. Comme sur la neige, il faut des lunettes de soleil. On observe souvent le spectacle depuis les hauteurs. Avant il y avait plusieurs possibilités d'admirer ces falaises d'en bas. Mais, ici le calcaire est tendre et quelques éboulements se sont produits. L'heure est à la sécurité maximale en toutes circonstances. Avec ces balades des Trois Pointes, vous pouvez encore vaquer et descendre au ras des eaux. Nous sommes non loin du Sémaphore vers le Capo Pertusatu. En contrebas de la route, de grandes dalles blanches s'étirent en bordure de Méditerranée. Par mer calme, on peut se baigner ici ou se faire bronzer (voire cuire vu la chaleur ambiante!). Sur la partie sud, on aperçoit un blockhaus. Le curieux remarquera une grotte tout en longueur. Côté randonnée ou balade nous sommes dans le minimum de temps de marche de ce topo, mais ce lieu insolite vaut la visite.

I Départ: route D 260 dans le dernier virage avant le casernement des batteries côtières, quelques places de parking entre deux pans de vestiges militaires.
I Accès: la route D 260 est au sud-est de Bonifacio en direction du sémaphore du Capo Pertusato.
I Dénivelé: 110 m
I Horaire: 45 min à 1 h aller et retour
I Balisage: le discret sentier démarre au milieu du maquis avec deux marches en terre bien marquées dues à l'érosion et aux nombreux passages.
I Difficulté: facile car courte balade mais sentier un peu escarpé sur la fin. On peut dire balade familiale si toute la famille est sportive. Certains jours de grosse chaleur la remontée est un four thermostat 12!
I Carte IGN: 4255 OT

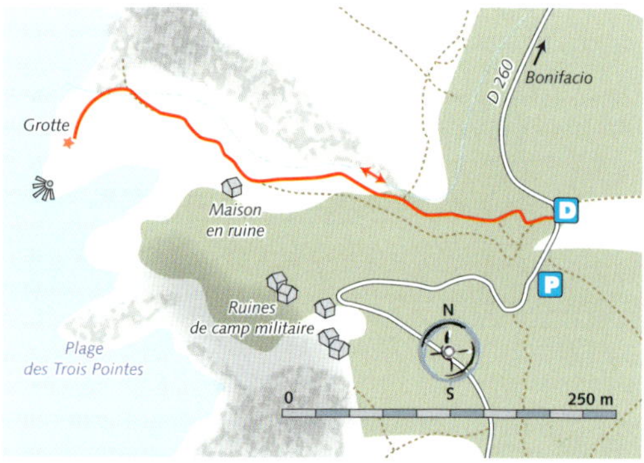

Début de la descente vers les Trois Pointes. Balade étonnante au pied des falaises pour atteindre la Méditerranée sur de grandes dalles couchées.

Le travail de l'érosion sur le littoral.

Entre deux vestiges de construction militaire sur la route D 260, il suffit de 15 min de marche (pour les sportifs) pour changer de monde. Aucun panneau indicateur, aucun repère, la descente s'effectue dans une dépression immanquable entre deux parois de calcaire. Beaucoup de pierres sur le bas du sentier et quelques passages où il faut s'aider des mains comme dans beaucoup de lieux en Corse, même sur le littoral. On ne quitte pas le tracé principal en restant sur la droite. Vous arrivez au bord de l'eau et l'après-midi l'ombre est rare sur ces longues terrasses avec vue imprenable sur la Ville Haute et tous les mouvements maritimes (voiliers, ferry pour la Sardaigne, paquebots de croisière et navettes touristiques pour les îles Lavezzi). En intersaison, vous serez seul, en juillet et août il y a du monde, c'est l'une des plages les plus proches de Bonifacio. Le retour se fera en 20 ou 25 min en fonction de la chaleur et de votre forme.

Du fond de la grotte se profile la belle randonneuse et la cité de Bonifacio à droite.

BALADE À RONDINARA

Au nord-est de Bonifacio (20 km), Rondinara est un paradis où deux caps de rochers orangés enserrent un lagon turquoise couronné de sable fin. La déferlante des couleurs enchantera les contemplatifs et les photographes. Entre ce golfe et la haute mer, la passe est étroite (200 m), cela donne une protection presque totale pour les plaisanciers. Grâce à ce tableau et ces atouts Rondinara fut classée comme une des plus belles plages d'Europe et sa renommée est mondiale. Cela donne une Corse à deux visages: un univers sauvage et infini en intersaison et une ambiance plage parfois surchargée en juillet et août. Ce site fabuleux possède un camping panoramique légèrement sur les hauteurs.

Départ: départ du grand parking, gagnez immédiatement la plage et remontez-la au nord vers l'étang de Prisarella.
Accès: Rondinara est quasi à mi-chemin entre Porto-Vecchio et Bonifacio, le long de la route RN 198 devenue T 10. Prendre la D 158 vers Suartone. Cette voie est très étroite et pentue par instants. Roulez jusqu'au bout (impasse) au parking (payant) de la plage et du restaurant Chez Ange.
Dénivelé: 25 m
Horaire: 1 h 30 à 2 h depuis le grand parking
Distance: 5 km en aller et retour
Balisage: panneau indicateur de direction sur la plage. Chemin très bien tracé.
Difficulté: facile et balade familiale sans problème d'orientation. Pas d'eau douce, mais de l'ombre au niveau de la pointe.
Carte IGN: 4255 OT

Les deux extrémités du golfe de Rondinara délivrent des espaces parfaits pour la balade familiale:

Au sud, la Punta di Rondinara n'a pas de sentier parfaitement répertorié. Il faut flâner et dénicher une sente qui vous mène au sommet de la colline U Monte à 56 m d'altitude (3 km – 1 h de marche). Là vous serez seuls au monde. Vous pouvez admirer l'enchaînement de pointes rocheuses aux couleurs fauves et de minuscules plages. Chemin faisant vous découvrirez une casemate construite à la fin des années 1930 avant la Seconde Guerre mondiale.

Sur la partie nord du golfe, vous trouverez un itinéraire familial parfaitement tracé et indiqué avec le tour de la presqu'île de Prisarella (qui est plutôt une pointe qui s'avance dans la mer). En intersaison, vous pouvez trouver un parking au nord du golfe. En été, il faut se garer sur le parking principal près de l'excellent restaurant Chez Ange et marcher sur la plage vers le nord. Passage sur de belles

Passage en bordure de l'étang de Prisarella.

La baie de Rondinara est très prisée des plaisanciers l'été venu.

excroissances rocheuses de couleur orange. Vous longez l'étang Prisarella et au bout de la bande de sable le sentier débute. Panneau directionnel. Vous côtoyez mer (accès à deux petites plages) et étang avec l'omniprésence d'un vaste maquis. Cette courte boucle est parfaitement tracée, elle fait partie de la poignée des balades classiques proches de Bonifacio.

SAINTE-LUCIE DE PORTO-VECCHIO, LA TOUR DE FAUTEA

Lorsque l'on descend la route plein sud vers Bonifacio on est frappé par cette vue magnifique digne d'une carte postale où l'on aperçoit au détour d'un virage la tour de Fautea sur sa colline au pied d'une mer turquoise. Cela pourrait être le parfait résumé de ce littoral: un cap qui avance dans une mer limpide, un dense maquis omniprésent et une tour génoise. Très peu d'urbanisme dans ce petit paradis, il est protégé par le Conservatoire du Littoral depuis 1979. Au nord et au sud, ce site emblématique déroule des plages. Au pied de la tour, à la plage de Fautea le sable a été déposé par la mer. Deux petits caps enserrent cet espace de baignade. Au sud, ce sont les alluvions de la rivière le Cavu qui ont déposé le sable un peu plus grossier sur la longue plage de l'Ovu Santu. Cette plage est aussi appelée plage des Américains à la suite de manœuvres de l'OTAN. Étonnamment, Sainte-Lucie de Porto-Vecchio fait partie de la vaste commune de Zonza. Ce chef-lieu est à l'intérieur des terres (Alta-Rocca) au pied des aiguilles de Bavella. Paradis du canyoning, de l'escalade et des randonnées aux forts dénivelés.

Départ: sur la route T 10. Ouverture dans le parapet de la route juste au sud du camping et on visualise une petite descente vers la tour que l'on aperçoit. Parking et quelques places pour se garer près de ce départ.
Accès: Fautea est un lieu-dit à mi-chemin entre Solenzara et Porto-Vecchio sur la route quasi rectiligne T 10 (N 198) qui relie Bastia à l'extrême sud de l'île.
Dénivelé: 65 m
Horaire: 1 h
Distance: 4 km
Difficulté: facile, randonnée pour tous, aucune difficulté sauf la chaleur de juillet et août. Sentier bien tracé, des panneaux indicateurs à chaque bifurcation.
Carte IGN: 4254 ET

La tour de Fautéa est au sud de la longue côte rectiligne de la face orientale de la Corse.

Il est possible de réaliser une boucle facile vers ce monument et autour de la colline au sud du site. Se garer vers la plage au nord de la tour ou sur le bord de la route T 10 (anciennement N 198) près du camping. Le sentier longe cet établissement puis descend légèrement dans une dépression. Courte montée vers la tour. Escalier d'accès, mais

Paysage idyllique du littoral Corse, mer turquoise, tour génoise, cap et maquis.

porte fermée. Après avoir profité du paysage, redescendre et prendre un sentier à gauche marqué four à chaux (ce matériau qui demandait beaucoup de main-d'œuvre et de temps était beaucoup utilisé comme mortier, enduit et badigeon notamment pour les citadelles). De là, descendre vers la petite plage au sud de la tour. Marcher sur le sable et trouver le départ du sentier à l'autre extrémité du banc de sable. Ainsi vous faites le tour de la grosse colline. Légère montée à l'approche de la route et d'une nouvelle résidence de luxe sur votre gauche et vous arrivez à un parking naturel sous des arbres. Sur la droite le sentier continue, il est parallèle à la route, passage à la Bocca di a Parata (petit collet) et descente douce vers votre point de départ.

De la route, on atteint rapidement la tour génoise.

SECTEUR

LA CÔTE ORIENTALE

Changement total d'environnement, le minéral n'est plus. La côte, comme la route d'adjacente (T 10), est rectiligne. Cette côte ou plaine orientale s'étend sur environ 100 kilomètres, c'est la terre des producteurs des célèbres clémentines (sans oublier le pomelo et le kiwi). Elle représente 10 % de la longueur du littoral. Donc 90 % de la côte de l'Île de Beauté est rocheuse, escarpée et tourmentée. La plaine orientale est une terre d'alluvions avec l'embouchure de plusieurs rivières : Travo, Tavignano, Bravone et Golo, pour ne citer que les principales. L'eau douce a creusé son univers avec plusieurs étangs. Nous vous proposons trois balades avec Diane, Urbino et Biguglia. L'absence de dénivelé est évidente. C'est le domaine de la pisciculture et la conchyliculture (moules et huîtres). Qui dit étang dit moustiques. Autrefois les autochtones fuyaient ces basses terres l'été

Flamants roses en ligne le matin sur l'étang de Biguglia.

venu. Elles étaient synonymes de paludisme. Ils se réfugiaient dans les villages en altitude. Tout changea lorsque les Américains débarquèrent sur l'île en 1943. La Corse devient alors un formidable porte-avions naturel pour rayonner sur la France et l'Italie. On parla de USS Corsica avec 17 terrains d'aviation. Mais il était impensable que les 50 000 soldats de l'Oncle Sam tombent malades. Tout comme les soldats ennemis, les moustiques furent éradiqués. Le DDT fut largement employé. Pour rester dans le même contexte, 18 ans plus tard, furent projetées les images du *Jour le plus long* avec en vedettes discrètes les Agriates et la plage de Saleccia. Dans le film, celle-ci est censée être la plage d'Omaha Beach. Quelques habitants de Saint-Florent se rappellent le défilé des stars hollywoodiennes (John Wayne et Robert Mitchum).

LA FORÊT DE PINIA ET L'ÉTANG D'URBINO

Entre Ghisonaccia et Aléria, l'étang d'Urbino séparé de la mer par un fin cordon de sable est le deuxième en surface de Corse. Pour notre plus grand bonheur, son pourtour est dépourvu de toute urbanisation. L'ensemble de ce littoral est colonisé par des genévriers et une vaste forêt de pins maritimes et pins parasols appelée domaine de Pinia. Ce précieux domaine appartenait aux Génois avant de devenir un court moment propriété de la jeune nation corse puis de passer dans l'escarcelle de la monarchie française. De tels grands arbres rectilignes étaient une aubaine pour la construction maritime. Plusieurs milliers d'arbres étaient nécessaires pour un gros navire avant l'arrivée de l'acier. En 1993, le Conservatoire du Littoral rachète le domaine et c'est aujourd'hui une des dernières grandes forêts de pins maritimes et parasols d'Europe. Les grands cormorans, foulques, les grèbes huppés et les grandes aigrettes sont les oiseaux les plus visibles dans l'étang. Quelques flamants peuvent faire escale.

Départ : parking en terre battue à l'entrée de la forêt de Pinia. Rejoindre le littoral plein est. La balade s'étire au nord sur tout le littoral.
Accès : au nord de Ghisonaccia, prendre la route de la mer D 144. Tourner à gauche vers le domaine de vacances Perla di Mare. La route devient large piste : Strada di a Furesta di Pinia. Se garer sur le parking au bout de cette piste rectiligne.
Dénivelé : 30 m
Horaire : 2 h 30 à 3 h pour l'aller et retour jusqu'au grau
Distance : 10 km aller et retour pour le grau
Balisage : aucun balisage.
Difficulté : facile, balade plate modulable à volonté. Ombre en permanence sauf dans le dernier kilomètre, baignade toujours à proximité. Pas de point d'eau.
Carte IGN : 4352 OT

Cet espace boisé est partagé d'une manière polyvalente entre les randonneurs, les joggeurs, les vététistes et les baigneurs, avec un large chemin carrossable et quatre parkings. Du parking indiqué pour cette balade, aller immédiatement plein est vers le littoral pour avoir un repère infaillible car la forêt est truffée de variantes et de raccordements divers. Longer le littoral. Le premier paysage caractéristique est le marais de Piobi. Plus loin, à l'approche du grau, le sable est très meuble et le pas est moins alerte. Le grau est le point de rencontre des eaux saumâtres de l'étang et de la mer. Pour le retour, prendre le même chemin où marcher sur la plage.

Ci-dessus : embarcation de pêcheurs sur l'étang d'Urbino.

Ci-contre : la dense et longue forêt de pins de Pinia.

La côte orientale de la Corse regorge d'étangs qui communiquent en permanence ou temporairement avec la mer.

AUTRE BALADE À URBINO

Sur la face ouest de l'étang, au départ du restaurant très renommé La Ferme d'Urbino, un nouveau sentier vient d'être ouvert: la presqu'île d'Isula Longa. Cela correspond à une belle promenade familiale originale de 45 min aller et retour avec sur la fin une originale passerelle en bois de 150 mètres de long sur pilotis qui file vers le large.

LA TOUR ET L'ÉTANG DE DIANE

L'étang de Diane est plus petit, mais plus profond que son voisin, Urbino. Sa bordure sud bénéficie des alluvions du puissant Tavignano qui récolte les eaux des sommets du cœur de l'île. La source du Tavignano est en amont de la ville de Corte. Cette balade à la tour génoise de Diane se réalise à pied, en VTT ou à cheval. L'ensemble est un mixte de larges chemins sans ombre (maquis très bas) et de petits sentiers en boucle qui longent l'étang de Diane. La tour de Diane est à côté du grau où les eaux de l'étang communiquent avec la mer. Bien sûr dans ce domaine de sable et de lagunes ce point d'échange est renforcé pour lutter contre l'érosion et entretenu pour maintenir un flux. L'édifice génois a été en partie rénové. L'entrée est, comme pour la majorité des tours, en hauteur pour éviter tout coup de bélier des assaillants. Elle fut construite en 1617. Deux soldats étaient en poste. En mauvais état, l'édifice fut déserté en 1670. Non loin de la tour, un sentier descend vers l'étang et offre une atmosphère plus luxuriante avec un dense couvert végétal de chênes verts et d'ombre. On marche alors au ras de l'étang (le cap Gros) avant de regagner le petit plateau de départ.

Départ : vaste parking au nord du vignoble Réserve du Président.
Accès : près du pont au-dessus du Tavignano, à Aléria, prendre la Route de la Mer T 40 vers le camping Cap Fun Marina d'Aléria. Deux cents mètres avant ce camping, prendre à gauche une route qui traverse le vignoble. Continuez tout droit et une courte piste vous mène au grand parking.
Dénivelé : 100 m
Horaire : 2 h 30 à 3 h
Distance : circuit jaune 8 km
Balisage : balisage jaune
Difficulté : facile, randonnée parfaite pour la famille.
Carte IGN : 4352 OT

Balisage le long de l'étang de Diane.

Le sentier avec ses variantes pour l'étang de Diane porte aussi le nom de sentier d'Aléria comme indiqué sur le panneau d'information à l'entrée du site. Ce panneau présente les divers circuits de balade (4 niveaux de 1 à 8 km) qui s'étirent au nord du point de départ entre l'étang et la mer

La tour de Diane trône au-dessus de la longue plage rectiligne.

Tyrrhénienne. Sur cette avancée de terre et de sable, l'orientation est facile grâce aux panneaux directionnels fixés sur des gros de granit. La boucle la plus longue (repères jaunes), 8 km, fait le tour intégral de ce territoire appelé également Mare è Stagnu.

Les étangs sont des lieux fragiles qui regorgent d'oiseaux migrateurs ou sédentaires.

Technique de pêche traditionnelle.

L'ÉTANG DE BIGUGLIA, PRESQU'ÎLE SAN DAMIANO

À 6 km au sud de Bastia, ce plan d'eau douce est le plus grand de l'île avec 11 kilomètres du nord au sud. Étonnamment, sa profondeur moyenne n'est que d'un mètre. C'est sur sa face orientale, côté mer que l'on trouve, la route des Marines de Borgo, les points d'accès à pied à l'étang, une piste cyclable et quelques lieux habités avec camping, commerces et plages. Les espèces de poissons pêchés viennent de la Méditerranée car la liaison (grau) est en permanence maintenue par le nord entre l'étang et la mer. Ainsi les migrations de loups, dorades, mulets et aiguilles sont constantes. La pêche ancestrale utilisait le piégeage des poissons au cours de ces mouvements. Des pieux en bois pour supporter les filets étaient plantés en ligne. Ces pieux appelés bordigues servent de points de repos, de toilettage et d'observation aux grands cormorans aux ailes déployées, aux gracieuses aigrettes garzettes et aux voraces goélands. Mais ces bordigues très anciennes disparaissent. Ce spectacle des oiseaux en vigie est moins commun. En groupe, des flamants roses font escale sur l'étang, certains ont encore leur robe blanche. Au nord de l'étang, un écomusée permet de découvrir tous les aspects de cette réserve naturelle.

Départ : sur la route D 107 (route des Marines de Borgo) sur le parking de l'Apo Café, panneau d'identification en bordure de route. Le sentier démarre à l'entrée de la presqu'île.
Accès : l'étang de Biguglia (ou Chiurlinu) est au sud de la ville de Bastia. La face la plus accessible de ce plan d'eau se trouve à l'est avec la route D 107 et sa piste cyclable. La presqu'île de Damiano est au nord du hameau de Pineto.
Dénivelé : 5 mètres
Horaire : 30 min
Distance : 3 km
Difficulté : très facile. Boucle pour la famille avec de jeunes enfants
Carte IGN : 4348 OT

Cormorans sur des bordigues.

La couleur de cette libellule doit dissuader les prédateurs.

Pêcheur sur l'étang de Biguglia.

Dans l'île de San Damiano (qui est un fait une presqu'île), on parcourt une boucle facile pour découvrir une petite partie de ce territoire. Le panneau d'information est en bordure de la route des Marines de Borgo. La marche commence par une passerelle avant de parcourir un sentier sans dénivelé avec une grande courbe sur la gauche. Après une clairière, avec de grands eucalyptus, on arrive sur une piste qui regagne la route principale. Avant ce final, on fait un très court détour sur la droite vers un poste d'observation sur une autre passerelle au-dessus de l'eau saumâtre.

Passerelle à la presqu'île de San Damiano pour une balade facile et courte.

POUR D'AUTRES BALADES ET RANDONNÉES EN CORSE

NOS GUIDES

NOS CARTES

Achevé d'imprimer en France en février 2024 par Dupliprint,
sur papier provenant de forêts gérées de manière durable.
N° d'impression : 2987466P